Fritz Löffler

Dresden - so wie es war

Ein Bildband von
Fritz Löffler

DRESDEN
so wie es war

Droste Verlag

Niemand lebte auf der Welt, der diese Stadt kannte und hätte sie nicht mit besonderer Liebe geliebt. Daß es diese Stadt gab, mußte jeden ein wenig glücklich machen, auch den, der fern von ihr lebte. Ihr Reichtum war unerschöpflich, man brauchte sich nur zu nehmen davon, es war immer noch mehr und mehr da. Dresden, das war ein unablässiges frauliches Schenken.

Erhard Kästner

Frau Dr. jur. Erika Pauls
in Basel-Riehen zur Erinnerung
an Dresden gewidmet

1 *Bernardo Belotto, Dresden vom rechten Elbufer unterhalb der Augustusbrücke M. D. Pöppelmanns mit der Brühlschen Terrasse, der Frauenkirche G. Bährs und der Hofkirche G. Chiaveris sowie den Festungsanlagen*

Es gehört zu den größten Beglückungen, die einem Menschen geschenkt werden können, eine Stadt zu erleben, die als ein Mittelpunkt schöpferischer Kräfte durch Jahrhunderte gewachsen ist, eine Stadt, in der Generationen bewußt gestalterisch das Höchste zu leisten versuchten, das den Menschen gegeben ist zu vollenden. Solche Städte scheinen ein unversiegbarer Born zu sein, der bestimmt ist, ganzen Zeiten und Völkern ihre Sehnsucht nach kulturellem Besitze zu stillen. Namen wie Rom und Venedig, Wien und Paris umfassen Summen menschlicher Höchstleistungen. Zu diesen Städten erster Ordnung, die der Welt einen Begriff europäischer Kultur vermitteln, zählt auch Dresden. Die Ereignisse des Kriegsjahres 1945 haben wohl sein architektonisches Antlitz entscheidend verändert, aber so vieles ist geblieben, was seinen Ruhm von je ausmachte und zu den unvergeßlichen Gütern zählt. Wie es als Summa zu Beginn des 20. Jahrhunderts gewachsen war, darüber soll einleitend berichtet werden. Dresden konnte das Jubiläum seines 750-jährigen Bestehens feiern. Es ist mit diesem Jubiläum nicht anders wie mit ähnlichen Unternehmen in anderen Städten auch. Das Datum ist reichlich willkürlich und zufällig gewählt. Wohl fußt es auf der ältesten uns überlieferten Archivalie von 1206, die Nennung als Stadt erfolgte aber erst ein Jahrzehnt später.

Dresden ist keine gewachsene Stadt, sondern wie die anderen Gründungen dieser Zeit im Kolonial-System nach dem Vorbild der römischen Castra angelegt. Die Geschichte Dresdens bewegt sich von Anfang an um den Elbübergang an der großen Handelsstraße von Westen nach Osten, die von Franken über Plauen, Zwickau, Chemnitz, Freiberg und weiter über Bautzen, Görlitz, Breslau bis nach Krakau führte. Zu beiden Ufern lagerte sich ein Siedlungskern. Seit dem 13. Jahrhundert wird es die Geschichte der Brücke und eines begründeten befestigten Platzes auf der linkselbischen Seite, der neben der alten sorbischen Dorfsiedlung entstand. Den Mittelpunkt der neuen Gründung nahm der rechteckige Große Markt im Umfang von 130 × 100 m ein, durchzogen von zwei Hauptstraßen, der Wilschen Gasse, die von Freiberg herführte und am Markte endete. Im rechten Winkel zu dieser bog die Elbgasse nördlich zu der durch ein Kastell geschützten, seit Ende des 13. Jahrhunderts bereits in Stein ausgeführten Brücke ein. Über der Brücke teilten sich die Wege nach Osten. Aus der städtischen linkselbischen Stadtgründung blieb der sorbische Dorfkern um die älteste von Meißen aus begründete Kirche, die Frauenkirche, ausgeschlossen. Erst um 1550 zog Kurfürst Moritz diesen Teil mit in die Stadt ein. Dem alten rechtselbischen Siedlungskern wurde 1403 das Stadtrecht verliehen.

1549 erfolgte dann die Vereinigung der beiden Städte mit dem Amtssitz in der alten Stadtgründung. Dieser Umfang blieb bis zum Beginn des 19. Jahrhunderts, als die Festungsmauern fielen, mit geringen Veränderungen erhalten.
Die Brückenstadt, die Stadt am Strom, Dresden, von Teichen umgeben, entlehnte ihren Namen der alten slawischen Ansiedlung: Drezdany nannten sich die Bewohner der sumpfigen Niederung. Es war eine Stadt, die in ihrer Bedeutung die übrigen östlichen Kolonialgründungen ihrer Zeit nicht übertraf. Eine Wandlung in der Bedeutung setzte erst 1485 ein, als Dresden bei der Teilung der sächsischen Lande dauernde Residenz der albertinischen Wettiner wurde. In Sachsen kulminierten im 16. Jahrhundert die reformatorischen Bewegungen. Im sächsischen Kurkreis wirkte in Wittenberg Luther an der Universität unter dem Schutze der ernestinischen Kurfürsten. Der in Dresden regierende albertinische Herzog Georg der Bärtige blieb dazu im Gegensatz ein ausgesprochener Feind der reformatorischen Bewegung. Sie gelangte in Dresden verhältnismäßig spät, 1539, zum Zuge. In den folgenden politischen Auseinandersetzungen gelang es Moritz nach der Schlacht bei Mühlberg in der Wittenberger Kapitulation 1547 die sächsische Kurwürde an die albertinische Linie des Hauses Wettin zu bringen. Damit stellte sich Moritz nicht nur an die Spitze des protestantischen Deutschlands, er begründete auch den ersten fürstlichen Territorialstaat, der nach Luthers Staatslehre grundsätzlich aus der mittelalterlichen Abhängigkeit von der Kirche gelöst, diese als weltliche Einrichtung nunmehr selbst dem Staate unterordnete. Dresdens Rang als Residenz dieses modernsten europäischen Staates war gegeben. Jetzt erfolgten auch die bedeutenden Anlagen der Festungswerke im holländisch-italienischen Stile zum Schutze der neuen Macht.
Die politischen Ereignisse der folgenden 150 Jahre mit dem Dreißigjährigen Krieg als Zäsur in der Mitte sollen uns nicht bekümmern, da sie Dresden als Stadtgebilde wenig berührten. Erst mit dem Regierungsantritt August des Starken 1694 trat eine Wandlung ein. Dieser Wettiner, der durch einen Zufall und unvorbereitet auf den Thron seiner Väter gelangte, besaß den Ehrgeiz seines Vorfahren Moritz. Noch einmal träumte er den Traum einer wettinischen Großmacht. Er wagte den Schritt nach Polen und wurde 1697 zum Könige von Polen gekrönt. Das Haupt der protestantischen Herrscher nahm für sich wieder den katholischen Glauben an. Stets war der sächsische Kurfürst der mächtigste Herrscher nach dem Kaiser, der während der Vakanzen als Vikar auch das Reich führte. Während des Jahres 1711 sehen wir August so als Kurfürsten von Sachsen, König von Polen und Litauen und als Vikar des Reiches wirken. Als Herkules Saxonicus thront er mit Recht im Werke Permosers auf dem Wallpavillon des Zwingers. 1719 vermählte er nach jahrelangen Vorbereitungen den Kurprinzen mit der Tochter des söhnelosen Kaisers Joseph I Maria Josepha. Noch einmal schien der kaiserliche Herrschaftstraum für die Wettiner in die Nähe gerückt. Da starb August 1733; der Kaiser, dem er nachzufolgen hoffte, überlebte ihn um sieben Jahre.
Die große Politik nahm durch den Aufschwung Preußens einen anderen Verlauf. Im Siebenjährigen Kriege sanken unter der Beschießung Friedrichs II. 1760 zum ersten Male große Teile Dresdens in Trümmer, der Frieden von Hubertusburg zog 1763 unter den Königstraum den Schlußstrich. Polen war verloren, Dresden nicht mehr die Residenz einer mitteleuropäischen Großmacht, sondern nur noch die Hauptstadt eines verarmten deutschen Territorialstaates, dem die Aufgabe gestellt war, seine Kunstschätze zu hüten.
Jetzt begann der Ruhm dieser Kunstschätze sich über die Welt zu verbreiten. Dresden wurde museal, Treffpunkt der Gelehrten und Fremden. »Dresden wird nunmehr Athen für den Künstler«, wie es Winckelmann ausdrückte oder wie Johann Gottfried Herder 1802 in der »Adastrea« schrieb: »Blühe deutsches Florenz, mit deinen Schätzen der Kunstwelt! Stille gesichert sei Dresden Olympia uns.«

2 *Unbekannter Meister, Kurfürst Moritz von Sachsen (1541–1553), erwarb die Kurwürde für die Wettiner aus der albertinischen Linie* ▷
3 *H. Chr. Fehling oder Adam Manijoki, August der Starke (1694–1733), seit 1697 König von Polen, unter ihm und seinem Sohn Friedrich August II. entwickelte sich Dresden zur Stadt des Barock* ▷
4 *Lorenzo Zucchi, Heinrich Graf von Brühl (1700–1763) wirkte unter Kurfürst Friedrich August II. als allmächtiger Kabinettsminister* ▷
5 *Edelsteingeschmücktes Gefäß des Säbels aus dem Grünen Gewölbe, den August der Starke 1696 zur Königskrönung in Krakau trug* ▷

In den letzten Jahrzehnten des 19. Jahrhunderts vollzog sich die Wandlung von einer Residenz-, Fremden-, Beamten- und Rentnerstadt zu einer modernen Industriestadt mit allen ihren sozialen Spannungen. Ihrer Lage entsprechend entwickelten sich diese Industrien nicht im Zentrum sondern in den einzelnen eingemeindeten Vororten. Für die Grundindustrien blieb nach der Gesamtsituation nur wenig Raum, umsomehr wurde Dresden Mittelpunkt der mannigfachsten Veredlungs- und Luxusindustrien, voran für Zigaretten, Schokolade, aber auch für chemische und pharmazeutische Produkte. Die Fotoindustrie mit allem Zubehör stellte ein weiteres Hauptkontingent, dazu kam die Fabrikation von Spezialmaschinen verschiedenster Art. Das war die Situation bis zum 13. Februar 1945, als die Innenstadt Dresdens durch englische Bombengeschwader in einer Nacht zu 90% in Schutt und Asche sank.

MAURITIUS·
DUX·SAX·ELC·

Henricus Sac: Rom: Imp: Comes de Brühl.
Liber Baro in Forsta et Pförten
Dynasta Clientelarum Grochwitz Rheinsdorf Burcken etc.
Ordinum Aquilæ Albæ S. Andreæ Aquilænigræ et
S. Alexandri Newski Eques.
Augusti III. Reg. Pol. et Elect. Sax. Minister Status intimus
a Consiliis Sanctioribus Exercitus Pedestris Generalis Summus
Regii Cubiculi Præfectus Cameræ et Redditium tributis publicis et
vectigalibus generalibus Præses
Capituli S. Petri Budissinensis Præpositus.

Dresden war bis Ende des 15. Jahrhunderts eine bescheidene Stadt, seine *mittelalterlichen Bauten* zählten nicht zu den überragenden Schöpfungen. Die Ende des 12. Jahrhunderts errichtete Frauenkirche außerhalb der alten Stadtanlage diente trotz ihrer Lage während des ganzen Mittelalters als Pfarrkirche und wich 1724 dem Bährschen Zentralbau. Es gab ferner die Nikolaikirche in der Stadt hinter dem Markt, für die Fernhandelskaufleute und Fischer errichtet, später mit zwei mächtigen Westtürmen versehen, die bis zu ihrer Zerstörung 1760 als Wahrzeichen der Stadt galten. Mit der bald hinzugefügten Kreuzkapelle an der Südseite bildete sie eine kirchliche Einheit. Die Nikolaikirche übernahm nach dieser Kapelle später den Namen Kreuzkirche. Sie führt ihn auch heute in ihrem dritten Bau. Als dritter gotischer Kirchenbau entstand die Franziskanerkirche am Ende des 13. Jahrhunderts, sie war bemerkenswert durch ihre nicht nur zweischiffige sondern auch zweichörige Anlage. Um 1400 erhielt sie durch die Bürgermeisterfamilie Busmann einen Kapellenanbau im Süden mit Konsolenfiguren der Stifter und einem Heiligen Grab, mit ihnen beginnt die Geschichte der Dresdner Plastik. Die Konsolen führen direkt auf die Prager Dombauhütte und die Triforiumbüsten der Parler-Schule zurück. Ein wichtiger Tatbestand, denn bis zum Beginn des 19. Jahrhunderts reißen die engen künstlerischen Wechselbeziehungen zwischen Böhmen und Sachsen nun nicht mehr ab. Die Kirche in Altendresden, jenseits der Elbe, den heiligen drei Königen geweiht, folgte erst zu Beginn des 15. Jahrhunderts.

6 *Konsolbüste des Bürgermeisters Lorenz Busmann mit seiner Hausmarke, Werk aus der Parler-Schule Prag um 1400*

7 *Das Heilige Grab mit den Wächtern im Vordergrunde und den drei Marien um 1400, bis 1737 in der Busmann-Kapelle der Franziskaner-Kirche*

8 *Die Busmann-Kapelle im Süden der Franziskaner-Kirche mit dem barocken Altar W. C. von Klengels aus der Schloßkapelle*

9 *Die Franziskaner-Kirche, Neubau seit 1351 als zweischiffige Hallenkirche, Wiedereinrichtung nach der Säkularisation seit 1599 als evangelische Hofkirche*

Nikolaikirche und Kreuzkapelle standen in engster Beziehung zu Brücke und Brückenkasse, in welche die Spenden der Wallfahrer flossen. Galt doch der Brükkenbau während des Mittelalters als eine besonders christliche Tat. Die zinnenbekrönte Dresdner Elbbrücke zählte zu den berühmtesten der europäischen Welt und ist noch vor der Regensburger Donaubrücke in Stein ausgeführt gewesen. 1730 wurde sie von M. D. Pöppelmann modernisiert, 1905 fiel sie mit ihren engen Pfeilern als ein Opfer der modernen Schiffahrt, und wurde durch einen Neubau ersetzt.

Der Hausmannsturm des Schlosses vom Ende des 12. Jahrhunderts kann wohl in seinem quadratischen Untergeschoß als das älteste profane Baudenkmal der Stadt gelten. Für den umgebenden bescheidenen Schloßbau wird erst die dritte Periode bemerkenswert, als Arnold von Westfalen, das Haupt der sächsischen Baumeisterschule — sein Name ist vor allem mit der Albrechtsburg in Meißen verbunden — 1471 den Erweiterungsbau übernahm.

Erhalten blieb seit der Stadtgründung bis 1945 in seinem Umfange der alte Markt und die umgebenden Straßenzüge. Auf dem Markt selbst aber verschwand Anfang des 18. Jahrhunderts auf Wunsch August des Starken das 1380 mit einer gotischen Kapelle errichtete zweite Rathaus. Den König behinderte der an der Nordostecke des Platzes gelegene Bau bei der Veranstaltung seiner Spiele und Rennen.

Der große Stadtbrand vernichtete 1491 fast sämtliche aus Fachwerk errichteten Wohnbauten. Auch von den Neubauten blieb nur ein kleines Teilstück bis 1945 überliefert, der gotische Eckerker des Bürgermeisters Gleinig, der seinen Neubau gleich nach 1500 an die Biegung von Wilsdruffer Straße und Schloßstraße errichtete.

Erst mit dem Einzug der *Renaissance* läßt sich von einer eigenständigen Dresdner Kunst sprechen. Mit ihr begann die erste künstlerische Blüteperiode der Stadt, die ungefähr mit dem Beginn des Dreißigjährigen Krieges ein Ende fand. Die Renaissancestadt Dresden, die sich um das Jahr 1530 zu entwickeln begann, stand in ihrer künstlerischen Bedeutung in keiner Weise der späteren Stadt des Barock nach. Doch gingen bereits die folgenden Jahrhunderte mit diesem alten Besitz nicht allzu glimpflich um.
Mit der Erwerbung der sächsischen Kurwürde 1547 durch Moritz ergaben sich für die Residenz neue große Aufgaben. Von den nach niederländisch-italienischen Vorbildern geschaffenen umfassenden Festungsanlagen ist bis in unsere Tage die 140 m lange Festungsmauer an der Elbfront erhalten geblieben, die seit dem 18. Jahrhundert Brühlsche Terrasse heißt. Ebenso blieb der Teil erhalten, auf dem von 1711 an der Bau errichtet wurde, der fast identisch mit dem Begriff Dresden geworden ist, der Zwinger.

10 *Der große Schloßhof mit dem Altan (1548—54), darüber der Hausmannsturm*
11 *Blick durch die Bogen des Altans auf den nordöstlichen Wendelstein*
12 *Untergeschoß des nordöstlichen Wendelsteins mit plastischem Schmuck von H. Walther nach 1550*

13 *Portal zwischen dem kleinen und dem großen Schloßhof von J. G. Starcke, Schmuck von K. W. Süßner 1682*

14 *Pferdeschwemme des Stallhofes mit dem Kanzleihaus H. Irmischs, 1565/7, im Hintergrund Schloßturm und Turm der Hofkirche*

Der neuen Kurwürde entsprechend, ging Moritz nach 1550 an die Erweiterung des Schlosses. Ein neuer Westbau an Stelle des alten von Arnold von Westfalen wurde errichtet, der quadratische Hof auf das Doppelte vergrößert. In den drei Hofecken wuchsen die für die sächsische Architektur so charakteristischen Treppentürme mit den reich geschmückten Wendelsteinen oder Schnecken empor. Vor die südliche Längswand des Nordflügels legte Voigt von Wierandt die viergeschossige Laube, den »Altan«, deren plastische Ausgestaltung Hans Walther schuf. Auch im 17. Jahrhundert nahmen die Schloßerweiterungen ihren Fortgang. Für die Dresdner Stadtsilhouette wurde 1676 die Erhöhung des Hausmannsturmes auf 97 m entscheidend. Ihn schloß Wolf Caspar von Klengel mit einer kupferbedeckten Welschen Haube und offener Laterne ab. Den bedeutendsten Schmuck im Innern schuf sein Nachfolger Johann Georg Starcke 1682 mit den Verbindungsportalen der beiden Schloßhöfe, zu denen Konrad Max Süßner die Figuren, das Kurwappen und die dekorative Gestaltung fertigte.

Reiche Bildhauerarbeiten fanden sich auch an vielen Gebäuden der Stadt, vor allem an den Erkervorbauten, die als Hausschmuck im Dresden des 16. und 17. Jahrhunderts dominierten, bis sie im 18. Jahrhundert den barocken Fassadengliederungen weichen mußten. Am »Fürstlichen Haus« in der Schloßstraße ließ sich Kurfürst Christian II. mit seiner dänischen Gemahlin Hedwig 1610 porträtähnlich darstellen. Der kostbarste Erkerschmuck der Renaissance befand sich aber an dem Eckhaus Neumarkt zur Frauenstraße, in dem der Schöpfer der ersten deutschen Oper und Hofkapellmeister Heinrich Schütz wohnte. Es ist ein Fries mit einer spielenden nackten Kinderschar an einem reich dekorierten Runderker. In ihm entfaltete wiederum Christoph Walther I. die ganze Weltfreudigkeit der Renaissance. Auch

RESIDENZ-BUFFET
CAFE

in der kirchlichen Kunst setzten sich die Renaissanceformen, inzwischen manieristisch verändert, durch. Der Altar der protestantischen Sophienkirche, der ehemaligen Kirche des Franziskaner-Ordens, entstand als die bedeutendste bildhauerische Arbeit der Zeit in mehrfarbigem Marmor. Der Italiener Giovanni Maria Nosseni, ein Schüler Giovanni da Bolognas, schuf ihn mit Sebastian Walther 1606. Zwischen einem reichen Aufbau mit korinthischen Säulen zeigte er das typische protestantische Altarprogramm. Im Sockelgeschoß erscheint das Abendmahl, darüber die Kreuzigung, zu deren Seite in Nischen Moses und Petrus stehen, die Beweinung Christi schließt im Obergeschoß das Programm ab.

Von profanen fürstlichen Bauten blieben bis in die Gegenwart zwei erhalten: der Restbau des alten, von Kurfürst August noch 1568 in Renaissanceformen mit reichem Giebelschmuck an Stelle des 1546 säkularisierten und abgetragenen Augustiner-Klosters, in dem auch Luther noch als Augustiner-Mönch predigte, errichteten Jägerhofes und das Kanzleihaus. Wie sein Name sagt, diente der umfangreiche Komplex, den Hans Irmisch seit 1565 erbaute, der Verwaltung. Er schloß sich an

◁ 15 *Der seit 1568 angelegte Jägerhof mit seinen Wendelsteinen, im Hintergrund die Ritterakademie von J. C. Knöffel 1723/9*

◁ 16 *Der Altar der Sophienkirche von G. M. Nosseni und S. Walther 1606 mit dem protestantischen Altarprogramm, im Mittelteil die Kreuzigung*

◁ 17 *Eckerker mit Diamantquaderung und abschließender Schlange 1671 Galeriestraße*

◁ 18 *Das Zimmermannsche Haus um 1660 mit reichgeschmücktem Giebel Wilsdruffer Straße 14*

die Rennbahn des Stallhofes von Paul Buchner gegenüber dem Langen Gange und der Pferdeschwemme an. Ein erlesenes Einzelstück dieser Zeit war die Bronzesäule zum Ringelrennen im Stallhof von Benedix Bachstadt und Gottschalch Specht.

Die Wohlhabenheit der Bürgerbauten zeigte sich in den kostbar dekorierten Sandsteinportalen mit Sitznischen und geschnitzten Holztüren wie dem der Sporergasse 2 von etwa 1570, und den besonders reich ausgestalteten Eckerkern wie dem späten, dreigeschossigen des Hauses Galeriestraße 9 mit Diamantquaderung und abschließender Schlange von 1671. Die verzierten Giebelbekrönungen erreichten ihren künstlerischen Höhepunkt im 17. Jahrhundert sowohl der Zahl nach als auch in ihrer Ausstattung. In der Schloßgasse war es das Haus Nr. 34 mit einer Nische im Obergeschoß und seitlichen Volutenabschlüssen in den drei Geschossen von 1620. Nach dem Kriege folgte der reichste bürgerliche Bau, den sich der Stadtprediger Zimmermann 1660 in der Wilsdruffer Straße 14 errichten ließ. Sein zweigeschossiger manieristischer Giebelaufbau brachte eine Dekoration in Roll- und Schweifwerk zwischen verschiedenen Pilasterordnungen. Damit hatte eine Epoche ihren Höhepunkt erreicht.

19 *Runderker mit tanzenden Kindern über reich profiliertem Unterbau von Chr. Walther I. um 1530 am Neumarkt*

20 *Erker mit Bildnissen Christians II. und seiner Gemahlin Hedwig von H. Steyer 1610*

Der Dreißigjährige Krieg hat Dresden wohl verschont, seine Bewohner aber vor dem Raubgesindel, das sich überall herumtrieb, fest innerhalb der engen Mauern gehalten. Nach Kriegsende strebten Adel und Bürgertum in gleicher Weise vor die Tore ins Freie. Der Drang nach der Weite, die Einbeziehung der Landschaft in die Stadt, gehörte zu dem neuen, auch in Dresden aufkommenden *barocken Lebensgefühl.*

Die Vollendung des Gedankens, ein Gebäude zu schaffen, das lediglich den sommerlichen Vergnügungen gewidmet war, erfüllte sich jetzt im Palais des Großen Gartens in großartiger Weise. 1678 ging man ans Werk, 1683 muß der Bau im Rohen vollendet gewesen sein. Bauherr war der Kurprinz, der spätere Kurfürst Johann Georg III., der als Türkensieger und Oberfeldherr des Reichsheeres sich verdient gemacht hat. Die Urkunden weisen einwandfrei auf den Oberlandbaumeister Johann Georg Starcke als ausführenden Architekten hin. Der Grundriß des Palais, im Schnittpunkt der zwei Hauptalleen des ebenfalls jetzt angelegten »Großen Garten« gelegen, zeigt die Form eines H. Die Mitte des oberen Geschosses nimmt ein zweigeschossiger Saal ein. Seitlich setzen zwei Räume an, nach denen sich der Große Saal an einer Schmalseite in einer dreifachen Bogenstellung öffnet. Eine doppelläufige Freitreppe fügt sich an beiden Längsseiten unter zweimaliger Wendung zwischen die beiden Seitenflügel ein und betont nochmals den Mittelrisalit. Die Formen des Palais sind nicht aus der deutschen Tradition herausgewachsen, sie liegen im Westen. Der Grundriß wie die Gesamtanlage entsprechen einem geläufigen Schloßtypus des 17. Jahrhunderts. Doch hat Starcke seine Vorbilder souverän behandelt und mit reichen barocken Akzenten durchsetzt.

Es ist der früheste Barockbau in Kursachsen, ein Markstein in der Entwicklung nicht nur des sächsischen, sondern des gesamtdeutschen Barock in den Jahren des Überganges überhaupt. Das 1945 völlig ausgebrannte Palais konnte inzwischen in seinem äußeren Bestand gesichert werden. Die kostbaren Stukkaturen italienischer Meister wie Gabriele Minetti gingen verloren. Vor allem ist der den Bau umfassende Mittelsaal mit den Deckengemälden der Apotheose Johann Georg III., der im Mittelstück als junger Gott auf Wolken thronend erscheint, als unersetzbarer Verlust zu buchen. Samuel Bottschildt und sein Schüler Christian Fehling teilten sich um 1690 in das Malwerk.

21 *Palais im Großen Garten von J. G. Starcke 1678/83 mit der Teichanlage von 1718 und der Üppigkeitsvase von A. Corradini*

22 *Mittelsaal des Palais im Großen Garten mit den Stuckaturen italienischer Meister und Deckenmalereien von S. Bottschildt um 1690* ▷

23 *Mitteltrakt des Taschenberg-Palais von M. D. Pöppelmann 1707/11 mit reichem dekorativem Schmuck* ▷

24 *Kopfbau der Ritterakademie am Niedergraben von J. C. Knöffel, 1723/28*

Mit dem Regierungsantritt August des Starken begann ein neues Kapitel in der Geschichte der Stadt. August war ein ausgesprochen musischer Mensch, wie es nicht nur seine Zeitgenossen berichten, es beweisen vor allem auch seine eigenen architektonischen Entwürfe und die Korrekturen der Risse, die in den Archiven in großer Zahl erhalten blieben. »Der König von Polen ist vielleicht der einzige Souverän, welcher imstande ist, für sich selbst zu erfinden und auszuführen, was man nur irgendwie unternehmen will«, schrieb der Graf von der Schulenburg 1730. »Nach seiner Majestät eigenem dessin intervenieret«, steht auf vielen der Pläne vermerkt. Mit Bauordnungen und Verfügungen griff er in über drei Jahrzehnten systematisch in die Entwicklung der Stadt ein, veränderte ihr Gesicht und gab ihr das Aussehen der Barockstadt, das wir bis 1945 kannten. Die behördlichen Eingriffe gingen bis zur genauen Vorschrift von Material, Farbe des Anstrichs und Stockwerkhöhe.

Von Starckes Palais im Großen Garten führt ein gerader Weg zum Taschenbergpalais, das seinen Namen nach einer Erhöhung am Elbufer trägt. Der heute noch in seinen Umfassungsmauern erhaltene Mittelbau war der erste große Auftrag, den August der Starke an Matthäus Daniel Pöppelmann erteilte. Nach zeitgenössischen Angaben ist auch Karcher an dem Baue beteiligt gewesen. Das bedeutet, daß Starckes engster Mitarbeiter die im Palais des Großen Garten gemachten Erfahrungen mit einbrachte. Das Taschenbergpalais entstand in der Zeit nach 1707 und war zunächst für die damalige Geliebte Augusts, die Gräfin Cosel, bestimmt. 1719 wurde es zum Prinzen-Palais umgestaltet. Der Architekt des Zwingers zeigt zwar in diesem Palais noch nicht die bewegten und gekurvten Formen, die für sein späteres Werk charakteristisch werden, aber auf der Oberfläche spiegelt sich schon das reiche ornamentale Leben ab, wie es in den langen Zwingergalerien wiederkehrt. Verwandte Ranken- und Blattgehänge traten schon im Palais des Großen Garten auf und bleiben charakteristisch für das kommende Halbjahrhundert. Die ornamentierten Reliefplatten überziehen den ganzen Mitteltrakt mit ihrer köstlichen leichten Lineatur und machten das in seiner Fassade erhaltene Palais zu einem der beschwingtesten Bauten Dresdens.

Das zweite Jahrzehnt des 18. Jahrhunderts sieht den Höhepunkt des Hochbarock in Dresden. Neben dem Zwingerbau Pöppelmanns, der 1710 begann und 1719 im wesentlichen seinen Abschluß fand, erreicht ihn ein Doppelpalais, das 1709 zwischen den Häuserfronten von Landhaus-Straße und Moritz-Straße für die Grafen

25 *Elbseite des Japanischen Palais nach seiner Umgestaltung zum Vierflügelbau durch M. D. Pöppelmann und Z. Longuelune seit 1727*

26 *Cosel-Palais von J. C. Knöffel, 1744/46, nach seiner Wiederherstellung 1762 durch J. H. Schwarze mit den Flügelbauten, plastischer Schmuck von G. Knöffel*

Beichling durch einen unbekannten Architekten entstand. Der reich mit Stukkaturen und Plastik geschmückte und durch kannelierte Pilaster durch zwei Stockwerke gegliederte Bau ging später als »British Hotel« und„Palais de Saxe"in die Kunstgeschichte ein. Noch während der Zwingerbau seiner Vollendung entgegenreifte, erschien 1715 der Mann, der berufen war, den Hochbarock durch einen neuen Stil zu überwinden: Zacharias Longuelune, Vertreter eines Stiles, den man als klassischen Barock bezeichnen kann. Es gibt keinen königlichen Bau in Dresden, der seinen Namen allein trägt, aber seit 1725 gibt es auch keinen, zu dem er nicht Entwürfe gefertigt und in dessen Ausführung er nicht sichtbar eingegriffen hätte. Gegen den Rausch des südostdeutschen Hochbarock stellte er die Einfachheit und Kühle der französischen Akademie. Seine strenge Lisenenarchitektur kennzeichnet die hervorragendsten Profanbauten Dresdens bis zum Ende des Jahrhunderts. Ein gemeinsamer Bau Pöppelmanns und Longuelunes war die Erweiterung des Holländischen Palais zum Meißnisch-Japanischen Palais seit 1728. Der Plan August des Starken, hier in einem Vierflügelbau ein Schloß für das Porzellan zu errichten, blieb durch seinen Tod unvollendet liegen. Seit 1780 nahm das Haus verschiedene Museen auf, bis es allein der Landesbibliothek überlassen blieb. 1945 brannte es aus.

Johann Christoph Knöffel war es, der als Schüler Pöppelmanns und Longuelunes in der folgenden Generation zunächst den klassischen Stil Longuelunes am reinsten vertrat. Es sind vor allem zwei Bauten, die in ihrer Haltung als klassisch für den neuen Stil der zwanziger Jahre gelten können, die Ritterakademie in der Neustadt und das Kurländer Palais. Neben ihrer Noblesse und Zurückhaltung liegt ihr Wert vor allem in den vollendeten Proportionen. Die Fassade des Kopfbaues der Ritterakademie zeigt ein Sockelgeschoß mit Putzstreifen, über dem sich zwei Obergeschosse erheben. Die einzelnen Achsen sind durch die für die Longuelune-Schule so charakteristischen Lisenen zusammengefaßt. Der dreifenstrige Mittelrisalit wird an den Seiten durch doppelte Lisenen betont. Ein Medaillon Augusts erscheint als einziger Schmuck des Hauses. Reicher präsentiert sich das nachfolgende, wenigstens in seinen Grundmauern erhaltene, Kurländer-Palais von 1729. Der vorgekragte Balkon im ersten Stockwerk, der Trophäenschmuck auf den Spiegeln des Mittelrisalits und die Giebelbekrönung, ebenfalls mit Trophäen und Wappen gefüllt, beleben die Fassade.

Waren diese beiden Bauten zunächst für den Generalintendanten und Feldmarschall August des Starken, den Grafen Wackerbarth entstanden, so fügten sich die folgenden für den allmächtigen Premierminister von August III, den Grafen Brühl, an. August III. verschenkte die Festungswälle an seine Günstlinge. Brühl erhielt den Teil an der Elbe, der später als Brühlsche Terrasse zu Weltruhm gelangte. In diesen Jahren wandelte sich seine Architekturauffassung zu einem reichen Stile, den wir als Dresdner Rokoko bezeichnen können. Vor allem in der Innenarchitektur wirkte er sich aus, während die Einfachheit der Außenbauten kaum Veränderungen erfuhr. Jetzt entstanden Kleinbauten auf der Brühlschen Terrasse: Die Gemäldegalerie, die Bibliothek und der Brühlsche Gartensaal. Sie wichen den Neubauten vom Ende des 19. Jahrhunderts. Zuletzt fiel 1900 das Brühlsche Palais mit seinen Schauseiten nach der Augustus-Straße und der Brühlschen Terrasse.

Der reichere Stil Knöffels zeigte sich am Gartenhaus des sogenannten Hoymschen Palais, um 1743, das er für den Oberstallmeister von Brühl errichtete. Seinen letzten Bau errichtete er für den Legationsrat von Saul auf der anderen Seite der Festung, am Seetor, am Eingang zur See-Straße, wieder in einfacheren Formen. Knöffel war ein wohlhabender Mann geworden. 1744—46 baute er sich auf dem Gelände des alten Pulverturmes hinter der Frauenkirche ein eigenes Haus von gewaltigem Umfange. Es wurde bei der Beschießung von 1760 weitgehend zerstört. Der neue Besitzer, General Graf Friedrich August Cosel, Sohn August des Starken, ließ es von Knöffels Nachfolger im Amt Julius Heinrich Schwarze seit 1762 wieder aufführen. Er fügte zwei Seitenflügel um einen Ehrenhof hinzu. Der Bau war in seinem Äußeren die bedeutendste Schöpfung des Dresdner Rokoko. Den reichen Trophäenschmuck und die Kindergruppen aus Sandstein, die kostbarsten des Dresdner Rokoko, schuf Gottfried Knöffler.

Zwei Bauten mögen aus der Fülle der zerstörten Kostbarkeiten des Barock noch genannt werden. Das Josephinenstift der Königin Maria Josepha soll 1746 der Knöffel-Schüler Christian Friedrich Exner errichtet haben. Auch das Stift wurde teilweise ein Opfer der Beschießung von 1760, aber bald erweitert wieder aufgebaut. Die Gliederung der Schmalseite mit den beiden Risaliten und dem bekrönenden Dachreiter wird wohl noch von Knöffel selbst entworfen sein. Ein kleines Anwesen oberhalb der Elbe schuf der junge Simon Gottlieb Zug 1754 für den Steuerrat Anton. Jedem Dresdner war es bekannt. Bei »Antons« an der Elbe spielte die Dresdner Jugend im Sommer. Später wurde auch der englische Park für die Badenden geöffnet und eine kleine Restauration eingerichtet. Das »Belvedere« über dem barocken Mansarddach erschien erst als eine Zutat von 1832.

Nicht weniger bedeutend als die Architektur entwickelte sich im 18. Jahrhundert die Gestaltung der Innenräume, zu denen August der Starke und sein Sohn hervorragende Künstler an den Hof zogen. In den mannigfachsten Manufakturen, die sich eines internationalen Ruhmes erfreuten wie die Porzellanmanufaktur im nahen Meißen, wurde nicht nur für eigenen Bedarf gewerkt, sondern auch eine umfangreiche Exportindustrie entwickelt, die über die Leipziger Messe ihre Produkte in ganz Europa absetzte.

27 *Schlafzimmer August des Starken mit dem Paradebett, Ausstattung von R. Leplat, um 1710*
28 *Thronsaal August des Starken mit dem silbernen Kamin, um 1710*

29 *Festsaal des Palais Brühl von J. C. Knöffel, Gemälde des Kurfürstenpaares von L. Silvestre, um 1740*

Wer das ungeheure Bauprogramm Augusts in den beiden Hauptstätten Dresden und Warschau verfolgt, wird sich verwundern, daß er selbst in dem alten Schlosse seiner Väter wohnte. Der Schloßneubau blieb in den gigantischen Plänen, zu denen eine ganze Reihe von Architekten, vor allem aber Pöppelmann, beitrugen, stecken. Man begnügte sich in der Residenz zunächst mit der Ausgestaltung der beiden Empfangsräume, des Thronsaales und des Schlafzimmers. Für beide Räume trug der 1696 nach Dresden berufene Raymond Leplat die künstlerische Verantwortung. Ihr Stil erscheint noch dem Vorbilde von Versailles weitgehend verpflichtet. Das Mobiliar ist bereits Dresdener Manufaktur-Arbeit. Nach dem Tode von Bottschildt fehlte es in Dresden an einem Maler für die Plafonds der Festräume. So berief August Louis de Silvestre aus Paris, der dann durch drei Jahrzehnte in Dresden die großen Aufträge ausführte. Die Leinwände für die Decke des Schlafzimmers mit den vier Tageszeiten und der Aurora brachte Silvestre fertig aus Paris mit. Im Thronsaal erscheinen anschließend Darstellungen des Herkules, der die Laster zu Boden stößt, neben thronenden Tugenden. Silvestre hat auch das Obergeschoß von Pöppelmanns Zwinger-Pavillon, der seinen Namen Mathematischer Salon nach seiner späteren musealen Nutzung trägt, mit der Geschichte von Amor und Psyche ausgemalt. 1723 waren diese Decken vollendet, wie die volle Signatur auf dem linken Flügel der Psyche beweist.

◁ 30 *Juwelenzimmer des Grünen Gewölbes, 1723 ff., mit dem Obeliscus Augustalis von M. Dinglinger*
◁ 31 *Marmorsaal des Zwingers mit Apotheose August des Starken von Ch. Fehling, nach 1717*

Die kostbarste Gesamtausstattung erhielt der Marmorsaal des Französischen Pavillons im Zwinger. Seinen Namen trug er nach der Verkleidung mit sächsischen Marmorarten, die an verschiedenen Orten des Landes gebrochen und in den eigenen Steinschneidewerkstätten, Schleif- und Pulvermühlen veredelt wurden. Über den vergoldeten Simsen mit Adlerdekoration malte Christian Fehling ein dreiteiliges Deckenbild allegorischen Inhalts, eine Huldigung für August und seine Gemahlin, mit den Medaillons des Kurfürstenpaares.
Das umfangreichste, geschlossene Ausstattungswerk entstand im wesentlichen zwischen 1721 und 1724 im Untergeschoß des Westflügels der Residenz für die acht Prunkräume umfassende Schatzsammlung des nach einem alten Anstrich genannten »Grünen Gewölbes«. Für die Pläne trägt wiederum R. Leplat die Verantwortung, wenn auch Augusts Einwirkung sichtbar in den Akten erscheint. Eine ganze Kolonne von hervorragenden Handwerkern war dabei unter der Anleitung des Bildhauers B. Thomae, der Lackmaler und Vergolder C. Reinow und M. Schnell tätig.

32 *Psyche, Ausschnitt aus dem Gemälde von L. Silvestre 1723 im Mathematischen Salon im Zwinger*

33 *Engelköpfe aus der Kanzel von B. Permoser 1722 in der Katholischen Hofkirche*

34 *Blasender Engel vom Orgelprospekt der Katholischen Hofkirche von J. Hackl und P. Coudray 1754*

Nach Errichtung der kleinen Zentralkirche von J. Fehre d. Ält. und G. Bähr 1705 in Loschwitz, das zum Weichbilde der Stadt zählte und dessen Gemeinde dem Sprengel der Frauenkirche unterstand, war das Ereignis im *barocken Kirchenbau* die Neugestaltung der städtischen Frauenkirche auf dem Neumarkt zur bedeutendsten protestantischen Zentralkirche Deutschlands. Erst nach harten Auseinandersetzungen mit dem königlichen Oberlandbauamt, vertreten vor allem durch Knöffel, und Änderung der Planung wurde 1726 der Grundstein gelegt. Ende 1732 stand der Bau bis zur Kuppel vollendet. 1734 konnte die Weihe des großen Zentralraumes mit der Vereinigung von Altar, Kanzel und Orgel unter Verzicht auf einen besonderen Altarraum, entsprechend den kultischen und liturgischen Bedürfnissen des rationalistisch werdenden Protestantismus, vorgenommen werden. Zwischen acht Pfeilern waren ursprünglich fünf später vier hölzerne Logenringe eingespannt, zum Teil in Herrschaftslogen aufgeteilt, Meisterwerken der Zimmermannskunst. Schiff und Emporen konnten etwa 3500 Besucher fassen. Nicht unberechtigte Zweifel an der Festigkeit der Pfeiler für die steinerne Kuppel führten zu erregenden Auseinandersetzungen, über denen Bähr 1738 starb. Sein Neffe Johann Georg Schmidt und Johann Gottfried Fehre vollendeten 1740—43 die Laterne, die, entgegen dem Bährschen Plane, nunmehr eine hölzerne Haube abschloß.

Am folgenden Kirchenbau, der Dreikönigs-Kirche der Neustadt, die in die Hauptstraße eingegliedert auf Kosten von August dem Starken errichtet wurde, wirkten Pöppelmann und Bähr seit 1732 gemeinsam. Als der Bau 1739 vollendet stand, waren beide Meister verstorben. Im Inneren gelang es Bähr, nach dem Ausscheiden Pöppelmanns, das ursprüngliche Rechteck durch eine entsprechende Pfeilerstellung zu einem Oval zu entwikkeln, das einer zentralen Anlage nahekommt. Der zweite Emporenring wurde bereits im 19. Jahrhundert entfernt.

Mit der Erwerbung der polnischen Königskrone 1697 war August zunächst nur für seine Person zur katholischen Kirche übergetreten. Erst zwei Jahrzehnte später folgte die Konversion des Kurprinzen und damit des ganzen Hauses Wettin. In Dresden, der Hochburg des lutherischen Protestantismus, wehrte sich die Bevölkerung gegen das Ereignis mit Heftigkeit. So fand der katholische Gottesdienst erst nur in bescheidenen Formen in einer Kapelle der Residenz und des Schlosses Moritzburg statt. 1707 richtete man das alte Theater vor dem Schloß zur katholischen Hofkapelle ein. Noch drei Jahrzehnte vergingen aber, bis August des Starken Nachfolger daran ging, am linken Elb-Ufer den grandiosen Bau mit seinem zierlichen Turm zu errichten, der in seinen Umfassungsmauern die Zerstörung von 1945 überstand. Um das Unternehmen möglichst lange geheim zu halten, hatte man den Italiener Gaëtano Chiaveri, der aus Petersburg über Warschau nach Dresden kam, als Architekten berufen. So wuchs am Ufer der Elbe der späteste Bau römischen Hochbarocks. Als er 1754 vollendet stand, hatte Chiaveri schon lange wieder die Stadt verlassen. Es war das Verdienst J. H. Schwarzes, wohl im Einverständnis mit Chiaveri, den Turm über die ursprüngliche Planung hinaus zum Vorteil der Gesamtsituation auf 85,5 m zu erhöhen. War die Frauenkirche ein Ausdruck protestantischer Gesinnung, so ist die katholische Hofkirche ein Bekenntnis zum katholischen Glauben vom Standpunkt der Gegenreformation aus. Eng im Raum standen sich hier zwei Mächte gegenüber, die ihre Gegensätze mit den Mitteln der Architektur dokumentierten und austrugen, wenn auch erst 1806 nach dem Frieden von Tilsit die Hofkirche durch Napoleons Gnaden ihr Geläute bekam.

Durch die Ereignisse des 1756 beginnenden siebenjährigen Krieges und die Veränderung des künstlerischen Geschmacks durch den wirksam werdenden Klassizismus (vor allem Winckelmanns), verzögerte sich die Vollendung der Ausstattung. So erfolgt die Ausmalung der vier großen Eckkapellen, die noch durchaus im barokken Formgut gehalten sind, nur zögernd. Als zweite wurde die Sakramentskapelle mit den Kelch-Anbetungs-Gemälden von St. Torelli 1756 vollendet. F. A. Maulbertsch schloß 1770 die Ostkapelle mit Deckengemälden aus dem Leben des Meißner Heiligen Benno ab.

35 *Inneres der Frauenkirche mit Emporen und Betstübchen nach 1733*

36 *Frauenkirche vom Neumarkt gesehen von George Bähr 1726–1734*

37 *Ausschnitt aus dem Deckengemälde Geschichte des Heiligen Benno von F. A. Maulbertsch 1770 in der Hofkirche*

Zwei kleinere katholische Barock-Kapellen gehörten zu den kostbarsten Bauten der Zeit. Sie blieben durch ihre besondere Bestimmung den Besuchern von Dresden meist unbekannt. Die Kapelle des Josephinenstiftes zeigte sich noch ganz dem Barock verpflichtet. Ein schwerer Sims schloß den Kapellenraum klar von der Decke ab, die ein Fresko von Benjamin Müller mit dem Thema der Vermählung Josephs und Maria von 1760 ff überzog. Als Architekt galt Chr. Fr. Exner, doch hatte wohl J. H. Schwarze einen wesentlichen Anteil an der Ausstattung.

Das kostbarste einheitliche Werk des Dresdner Rokoko entstand nach 1756 ff in zwei Stockwerken des westlichen neuen Flügels vom Taschenberg-Palais. Als Architekt zeichnete J. H. Schwarze. Raum und Decke waren nur durch eine Stuckleiste getrennt, die zudem noch von dekorativem Stuckwerk aufgelockert wird. Stukkateure waren J. Deibel und J. Hackl, die farbige Staffierung, in der Hellgrün und Silber vorherrschte, war eine Arbeit von J. D. Pöppelmanns, einem Enkel von Mattheus Daniel. Sechs Logen öffneten sich dem intimen Raum.

38 *Inneres der Dreikönigskirche von G. Bähr und M. D. Pöppelmann mit Orgelwerk von J. G. Hildebrandt 1754/7*
39 *Kapelle im Taschenberg-Palais von J. H. Schwarze in den Formen des Rokoko 1756 ff.*
40 *Grufthaus auf dem Elias-Friedhof, geschnitztes Gitter von 1771*

41 *Barock-Palais Landhausstraße 6 von J. F. Karcher (?) nach 1709*

42 *Dinglingerhaus am Jüdenhof von M. D. Pöppelmann um 1715*

Was sich in den höfischen Bauten und denen des Adels entwickelte, zeigte sich nicht nur in den repräsentativen Bauten, die die Stadt errichten ließ, wie die Frauenkirche und die beiden Rathäuser nebst dem Gewandhaus, sondern auch in den *bürgerlichen Wohnbauten* des 18. Jahrhunderts. Dieses einheitliche Gesicht war zunächst bedingt durch immer neue Bauordnungen, die für jede einzelne Straße bis auf Stockwerkhöhe, Material und Farbanstrich erlassen waren, und die Errichtung des Oberlandbauamtes 1718, dem alle Zivilgebäude unterstanden und dem alle Pläne und Unterlagen auch der Umbauten vorzulegen waren. Dazu kam, daß die Amtsträger selbst bürgerliche Wohnbauten ausführten, um ihre Finanzen aufzubessern, und die anderen Baumeister, die meist aus dem Maurerhandwerk hervorgegangen waren, sich weitgehend der prominenten Vorbilder bedienten. Was die Stukkateure zuletzt als Schmuck hinzufügten, trug weiter zur Vereinheitlichung der Fassaden bei. So läßt sich nur mit Vorsicht, wo keine Akten vorliegen, der Schöpfer eines Bauwerkes nach stilistischen Untersuchungen ermitteln. Vor allem bei den meisten der M. D. Pöppelmann selbst zugeschriebenen Wohnbauten ist Zweifel am Platze, da es einen Urheberschutz nicht gab. Nach wie vor beherrschte der traditionelle Putzbau die Fassaden, der edle und teure Sandstein wird nur als Schmuck für Fenster- und Portalgliederungen verwendet. Neu erscheint die Gesamtkomposition der Fassaden mit der Akzentsetzung auf die mittleren aber auch auf die seitlichen Fenster.

Die Straßenzüge der Altstadt behielten bei allen städtebaulichen Veränderungen durch die Einschnürung in das Korsett der Festung ihre ursprüngliche mittelalterliche Führung bei. Das betrifft auch die verkehrsreichsten Straßen, Schloßstraße, Wilsdruffer Straße, See-Straße, Kreuzstraße, Rampische Straße usw., die damals alle noch Gassen hießen, aber auch den Altmarkt wie den Neumarkt mit ihren Umgebungen. Leider ist kein Beispiel davon nach 1945 erhalten geblieben.

In der Neustadt, dem ehemaligen Altendresden rechts der Elbe lagen die Verhältnisse anders. Denn erst nach dem Brand von 1685, der die bescheidenen Fachwerkbauten fast restlos wegfegte - die Bewohner weilten zur Brandzeit als Jagdhelfer und Zuschauer in Moritzburg — wurde seit

1700 die Neue Königstadt, später abgekürzt in Neustadt nach den modernen städtebaulichen Gesichtspunkten des Barock angelegt. In der Altstadt lag die Rampische Gasse, das kostbarste Stück barocker Gesamtarchitektur, eingespannt zwischen dem dreifenstrigen Kopfbau am Zeughausplatz und die dominierende Kuppel der Frauenkirche am Ende des Neumarktes. Dieser Abschluß gehörte zu den städtebaulich hervorragendsten Leistungen des Oberlandbauamtes. In der Neustadt war es die Anlage des zentralen Platzes, des Neustädter Marktes, von dem nicht weniger als 7 Straßen verschiedendster Ordnung abführten. Darunter befand sich die breiteste Straße der Stadt überhaupt, die mit Linden bepflanzte Hauptstraße, sowie die Große Meißner Gasse, auf der in einer leichten Biegung lückenlos Barockbau sich an Barockbau, sämtlich zwischen 1710 und 1750 errichtet, fügte, unterschieden nur durch ihren dekorativen Schmuck zwischen Barock und Rokoko. Auch die Straßenzüge um den Neumarkt mit der Frauenkirche, wie die Töpfergasse, hatten ihren barocken Charakter bis in die Gegenwart intakt bewahrt. Bescheidener zeigten sich die Häuser in den schmalen Gassen wie die Ostseite der Brühlschen Gasse, die Terrassengasse, die Münzgasse oder die Salzgasse. Einen reizvollen Blick genoß man vor allem vom Turm der Frauenkirche aus auf die einheitlich geformten Dachlandschaften dieser Straßenzüge. Der Barock hatte auf das hohe Satteldach mit den aufsteigenden Renaissancegiebeln verzichtet und dafür das französische, gebrochene Mansarddach mit seiner behäbigen Fülle gewählt, das erst bei den Bauten des Klassizismus um 1800 wieder verschwand.

In der von Festungsanlagen und Gräben eingeengten Stadt wurde die Wohnungsnot bei der rasch wachsenden Bevölkerung immer größer. Da die Geschoßzahl für alle Straßen festgelegt war, half sich die schon damals blühende Bauspekulation, indem sie bis zu drei Geschossen in das Mansarddach einfügte. Die Dachlandschaft zeigt auch die Tiefe der Bebauung nach den Höfen zu. So reizvoll und heiter sich die reich geschmückten und in gelinden Farben gestrichenen barokken Putzbauten dem Beschauer auch boten, wohnungsmäßig lagen sie außer den Zimmern nach der Straßenfront durchweg im Argen.

43 *Hauptstraße nach dem Albertplatz, im Vordergrund Denkmal August des Starken, links das Neustädter Rathaus*

44 *Die Barockbauten der Rampischen Gasse mit dem Kopfbau und dem Blick auf die Kuppel der Frauenkirche* ▷

45 *Eckhaus Töpfergasse 1 von J. Fehre d. Ält. 1715 für J. G. Ehrlich* ▷

46 *Barockbauten der Brühlschen Gasse mit Gaststätte „Brühlscher Hof"* ▷

47 *Haus Große Meißner Gasse von S. Locke, um 1750* ▷

LY-BEREIFUNG

Friseur
Meißner
Stadt-
keller

48 *Große Meißner Gasse vom Neustädter Markt aus, bedeutendste Barockstraße der Stadt, Bauten zwischen 1720 und 1750*

Als ein hervorragender früher Bau erscheint das Haus Rampische Gasse 9, von J. G. Starcke noch vor 1690 errichtet. Er zeigt drei Fenster mit drei Obergeschossen, das mittelste noch durch einen Erker herausgehoben, das Ganze mit reichem dekorativen Stuckwerk überzogen. Diese schmalen Dreifensterbauten, die sich überall in den alten Straßen finden, nannten die Dresdener »Handtücher«. An einem der ersten Wohnbauten M. D. Pöppelmanns von 1696 auf der Hauptstraße bemerkt man deutlich den Beginn einer Fassadenkomposition. Ein dreifenstriger Mittelrisalit, vor dem noch ein profilierter Erker gelegt ist, wird mit einem Segmentgiebel abgeschlossen. Am breiten Mittelportal dominiert ein kräftiger Schlußstein.

Den ganzen Reichtum Pöppelmannscher Schmuckkunst aus der Zeit des Zwinger-Beginns zeigte das Dreifensterhaus an der Frauenstraße 16. Aber wer den Grundriß betrachtet, sieht, daß es nur mühsam in die Straße gepreßt steht. Die Vorderfront enthält in jeder Etage nur ein Zimmer von $5^{1}/_{2}$ m im Quadrat. Den bedeutendsten bürgerlichen Wohnbau schuf Pöppelmann um 1716 im Auftrage von Georg Christoph Dinglinger, einem Bruder des berühmten Goldschmiedes Melchior Dinglinger, am Jüdenhof. Er ist nach seinem Charakter schon mehr unter die Kategorie Palais zu rechnen. Hier ist die ganze fünfachsige Fassade bei allem Reichtum der Einzelheiten einem strengen Kompositionsschema unterstellt. In leichter Kurvung ist die Mittelachse über dem Portal herausgehoben, die Seitenfenster werden nochmals von Pilastern gefaßt. Pöppelmann begnügte sich nicht mit der Gestaltung der drei Stockwerke, er zog durch eine Dreifenstergruppe, die er durch eine Balustrade zusammenfaßte, das Mansarddach in die Gestaltung ein.

Eine ganze Reihe bedeutender Baumeister bewältigten die Fülle der bis 1754 drängenden Aufgaben. Johann Fehre d. Ält. schuf 1709 an der Ecke des Altmarktes mit einem großen Eckerker die Löwenapotheke, die nach der Wilsdruffer Straße nicht weniger als 10 Fenster umfaßte. Die Betonung der Mittelachsen durch Dachausbauten, Antragsarbeiten über den Fenstern und aufgesetzte Spiegel zwischen den Stockwerken belebten die beiden Fassaden. Der Löwe war eine Arbeit von J. F. Feige. Im Dachgeschoß des Hauses wohnte Heinrich von Kleist. Hier dichtete er die »Ode der Germania an ihre Kinder«. 1913 folgte der alten Löwenapotheke der Neubau Hans Erlweins. Etwas einfacher gestaltete Andreas Adam nach 1727 das Eckhaus am Neustädter Markt

49 *Dreifenstriges Barockhaus mit reichem Mittelerker, sogenanntes Handtuch an der Frauenkirche 16 von M. D. Pöppelmann, nach 1710*

50 *Dreifenstriges Barockhaus Rampische Gasse 9 von J. G. Starcke vor 1690*

51 *Alte Löwenapotheke mit Eckerker Altmarkt Ecke Wilsdruffer Straße von I. Fehre d. Ält. 1709*

52 *Bürgerliche Barockbauten auf der Salzgasse mit der Kuppel der Frauenkirche*

zur Großen Meißner Gasse. Er behielt wohl den Eckerker bei, begnügte sich aber mit einer dekorativen Akzentuierung der drei mittleren Fenster durch Antragsarbeit.

Die ganze zurückhaltende Noblesse der Dresdner Architektur seit der zweiten Hälfte des 18. Jahrhunderts kommt an einem dritten Eckbau, wiederum von Fehre d. Ält., zur Geltung. Das fünfachsige Eckhaus an der Töpfergasse zur Brühlschen Gasse entstand 1715 für J. G. Ehrlich, dessen Wohltaten für die Stadt sich bis zu ihrer Zerstörung auswirkten. Den drei von Lisenen mit abschließenden Pilastern gerahmten Obergeschossen folgte ein viertes Zwischengeschoß in der Ebene des Mansarddaches. Auf einen Eckerker wurde Verzicht geleistet.

Die meisten der bürgerlichen Bauherren wählten bei der Auseinandersetzung zwischen dem dekorativen Reichtum des Hochbarock und dem strengeren, auf wenige dekorative Elemente wie Lisenen und aufgesetzte Spiegel beschränkten klassischen Barock eine mittlere Linie. Die Durchschnittsarchitektur zeigte meist ein Mittelportal mit Schlußstein, Verdachungen und Kartuschen über den mittleren aber auch über den seitlichen Fenstern, die sich vom Barock zum Rokoko wandeln, sowie aufgesetzte oder eingelegte Spiegel zwischen den übrigen Fenstern und einen pilasterartigen Abschluß an den Seiten. Die Häuser Große Meißner Gasse Nr. 1 von 1724, das Brauhaus Nr. 5 von 1732, das Haus Nr. 9 von 1734 und Nr. 13 um 1750 sind charakteristische Beispiele des Dresdner bürgerlichen Architekturstiles.
Mitten in den großartigen Aufbau, in dem sich die Bevölkerungszahl fast verdoppelte, fielen die Ereignisse des Siebenjährigen Krieges. 1758 und 1759 wurden in den Vorstädten nicht weniger als 374 Häuser niedergebrannt. 1760 bombardierten die Preußen das Innere der Altstadt. Die Quartiere um die Frauenkirche und um die Kreuzkirche waren besonders betroffen. Der Aufbau schritt nur langsam voran und war um die Wende des Jahrhunderts noch nicht beendet. Bei dem Mangel an Geld nach dem verlorenen Krieg galt Sparsamkeit als höchstes Gebot. Für dekorativen Schmuck blieb meist kein Geld. Man begnügte sich mit dem Aufmalen von Lisenen und Spiegeln, wo früher kostspielige Arbeiten entstanden waren. Aber die Bemalung verschwand bereits in der nächsten Generation, es blieben kahle Fassaden zurück. J. G. Schmidt löste beim Wiederaufbau der Moritzstraße 6 die Aufgabe höchst originell mit einer dekorativen Stuckhaut, die er über die sechsachsige viergeschossige Fassade zog. Auch die Fensterumrahmungen waren nun nicht mehr aus Sandstein gefertigt sondern einfachste Antragsarbeiten. Eine Ausnahme machte der reiche Mühleninspektor Richter am Neumarkt 10, der sein Haus zwischen Moritz-Straße und Kleiner Kirchgasse von einem unbekannten Architekten 1773 in den traditionellen Formen gleich mit zwei Eckerkern neu oder vielleicht nur wiederaufbauen ließ. Das Haus beherbergte bis 1945 »Stadt Rom«, eines der vornehmsten Hotels Dresdens.

Die Dresdener wollten nicht nur zu Lebzeiten ein repräsentatives Unterkommen finden. Wer es sich leisten konnte ließ sich auf dem sehr beliebten Eliasfriedhof oder auf dem Neustädter Friedhof eine Familiengruft als Einzelbau oder in Reihe errichten, die den gleichen architektonischen Gesetzen wie der Wohnbau gehorchte. Das Grufthaus im Eliasfriedhof mit dem geschnitzten Gitter von 1771 gehört zu einer Reihe, die sich an die Mauer des Eliasfriedhofes anschließen.

53 *Blick von der Frauenkirche auf die barocken Dächer der Rampische Gasse und Umgebung*

54 *Torhaus am Eingang der Hauptallee des Großen Gartens von G. F. Thormeyer 1815*

Der Klassizismus hat nur bescheidene Bauten hinterlassen. Außer Thormeyers Treppe von 1814, die die Brühlsche Terrasse vom Schloßplatz aus zugänglich macht, waren es die beiden Torhäuser Thormeyers an der Stadtseite der Hauptallee des Großen Gartens und das reizvolle, durch Mittelrisalit gegliederte, mit flachem Dreiecksgiebel abgeschlossene Palais Lüttichau, das Joseph Thürmer 1830 auf der Langen Gasse, der späteren Zinzendorfstraße, errichtete. Es diente nach dem ersten Weltkriege als Atelier und Ausstellungsraum des Lichtbildners Hugo Erfurth, der hier eine kleine Galerie unterhielt. Auch das freistehende Preußsche Haus, das bereits mit dem Neubau des Rathauses fiel, ein umfassender rechteckiger Komplex und nunmehr wieder einfachem Walmdach, entstand 1826. In den englischen Gartenanlagen des Palais Zinzendorf schuf Traugott Weinlig vor der Jahrhundertwende eine künstliche Ruine unter Verwendung antiken Formengutes.
Erst mit der Berufung des jungen Gottfried Semper gewann Dresden seit 1834 seine internationale Bedeutung als schöpferische Stadt der Baukunst zurück. Das erste Hoftheater von 1838–1841 ging 1869 in Flammen auf, das zweite von 1871–79, das er mit seinem Sohn Manfred gemeinsam schuf, brannte 1945 bis auf die Grundmauern aus. Sein Galeriebau schließt die unvollendet gebliebene vierte Zwingerseite seit 1848 nach der Elbseite ab. Noch durch drei weitere Bauten bereicherte Semper die Stadt. Die Synagoge, in deren kubischer Geschlossenheit die französische Revolutionsarchitektur eine Fortsetzung fand, fiel der Kristallnacht zum Opfer. Im Stadtpalais für den Bankier Oppenheimer auf der Bürgerwiese bildete er die florentinische Hochrenaissance, vor allem den Palazzo Pandolfini weiter. Die Villa Rosa, in ländlicher Umgebung der Neustadt gelegen, errichtete er für den gleichen Bauherrn. Ihr Stil breitete sich über ganz Mitteleuropa aus, ohne daß das Vorbild wieder erreicht worden wäre.
Semper und sein Nachfolger Hermann Nicolai beherrschten mit ihren Schülern durch ihre noblen Fassaden und die hervorragenden Grundrißlösungen das Baugeschehen der nachfolgenden Generationen in den neuen Villenvierteln vor und hinter dem Hauptbahnhof. Die Einzelbauten wie die Villa von K. Eberhardt, Goethe-Allee 6 (1870) und das Palais Kapherr von B. Schreiber, Park-Allee 7 (1875) sind Beispiele dieser vornehmen, maßvollen Architektur, deren Wirkung nicht zuletzt auf ihren Proportionen beruht. Gebäude wie die Börse A. Zumpes gliederten sich glücklich in die Straßenfront ein. Sogar ganze Häuserblocks wie der an der Rietschelstraße nach der Elbe von H. Strunz gehörten noch zu den glücklicheren Gestaltungen, die nur durch ihre Wiederholungen zu langweilen begannen und zudem nicht zu der sozialen Struktur ihrer kleinbürgerlichen Mieter paßten. Das zeigte sich deutlich erst in der folgenden Bauepoche, als man auch in Dresden ganze Straßenzüge mit Prunkfassaden überlud, von dem fortschrittlichen Architekten Wilhelm Rettig, Schüler Paul Wallots, witzig als Zippel-Zappel-Stil bezeichnet, was ihm die erbosten Stadtväter, die daran verdienten, durch Nichtwahl zum Stadtbaurat heimzahlten.
Zu den hervorragendsten Bauten, die in der Ära Sempers entstanden, gehörte das Königliche Belvedere, das O. v. Wolframsdorf 1841 als vierten Bau im Halbrund auf die spitze Ecke der ehemaligen Jungfernbastei der Brühlschen Terrasse setzte. Seine Rückseite nach den Anlagen zu errichtete er als eine der typischen Renaissancebauten mit einer Dachterrasse. Die Freimaurerloge auf der Ostra-Allee war ein Werk von G. Hörnig, der Ernst Rietschel zu dem bildhauerischen Schmuck des Äußeren heranzog. Die großen Säle des Inneren zeigen die Verwendung der Stilmittel der Dresdner Semperperiode von 1838.
Ganz anders entwickelte sich der Kirchenbau nach 1840. Katholiken wie Protestanten nahmen nach ihrer Ablehnung der barocken Tradition die historischen Stile wieder auf. Am Beginn entstand 1853 die zweite katholische Pfarrkirche Franciscus Xaverius in der Hauptstraße in neuromanischen Formen mit einer Doppelturmfront. Bei den wichtigsten protestantischen Neubauten, die bei der rapiden Zunahme der Bevölkerung und den damit verbundenen Gemeindeteilungen notwendig wurden, entschlossen sich die Bauherren meist zu neugotischen Formen. Hier dominierte die Johanniskirche von Ludwig Möckel in der Pillnitzer Straße mit ihrem Turm am Südquerschiff in Nachbildung französischer Gotik. Schon vorher hatte Ch. F. Arnold der bescheidenen Franziskaner-Kirche des 13. Jahrhundert am Postplatz im Westen eine Doppelturmfront mit durchbrochenen Helmen und einer Kathedralrose vorgesetzt. Die großen Fremdenkolonien errichteten ihre eigenen Kirchenbauten: die russische Kirche mit ihren Zwiebelkuppeln blieb erhalten, die neugotische dreischiffige englische und die amerikanische Kirche erlitten 1945 das Schicksal der Stadt.

55 *Von Preußsches Haus am heutigen Rathaus-Platz, 1828, einer der wenigen klassizistischen Bauten*

56 *Die Synagoge von G. Semper 1838/40, 1938 in der Kristallnacht niedergebrannt* ▷

57 *Vorderfront der Villa Rosa von G. Semper 1838/39, erster bedeutender Bau einer Villa* ▷

Die Neugotik hatte auch sonst in Dresden ihre Spuren hinterlassen. 1859—61 erbaute Ch. F. Arnold das dritte Schloß auf den Loschwitzbergen, Schloß Eckberg, dessen Gartenanlagen unter dem letzten Besitzer, dem Industriellen von Mayenburg, dem Hersteller von Chlorodont, im Frühjahr und Sommer die Besucher heranlockten. Es folgte 1864/5 wieder ein städtischer Bau, die Kreuzschule mit einem aufwendigen Mittelrisalit, das nur die Aula enthielt. Schon vorher war an der Grenzflur von Dresden und Blasewitz das zinnenbekrönte »Weiße Schloß« entstanden, das später als Fremdenpension bescheidene Dienste tat.

Aus der Zahl der Bauten der Jahrhundertwende, die jeder Dresdner kannte, seien nur zwei hervorgehoben, das Viktoriahaus am Ring mit drei Fronten, in dem W. Lossow und H. Viehweger nach Ablösung der »Dresdner Schule« in Anlehnung an das Braunschweiger Rathaus die deutsche Renaissance aufnahm, und der Kaiserpalast am Pirnaischen Platz, das reichste und prunkvollste Privatgebäude, das als Restaurant errichtet, später als Bankhaus Verwendung fand. Der Geheime Kammerrat Ilgen, wohl der merkwürdigste Neureiche in der Stadt, über dessen Person viele Anekdoten kursierten, war der Bauherr. Die städtebauliche Situation war bei seinem Bau ähnlich wie beim Viktoriahaus. Nur wählten die Architekten hier einen Barockbau zum Vorbild. Das köstlichste Zeugnis des Neubarock schuf aber G. Frölich 1895 beim Umbau der Residenz. Es ist der mit Kupfer bekleidete reich verzierte Übergang, den der Hof benutzte um von der Residenz in die Hofkirche zu gelangen. Mit ihm fanden die historischen Stile ein Ende, ein neues Baugeschehen setzte sich mit dem Beginn des 20. Jahrhunderts durch.

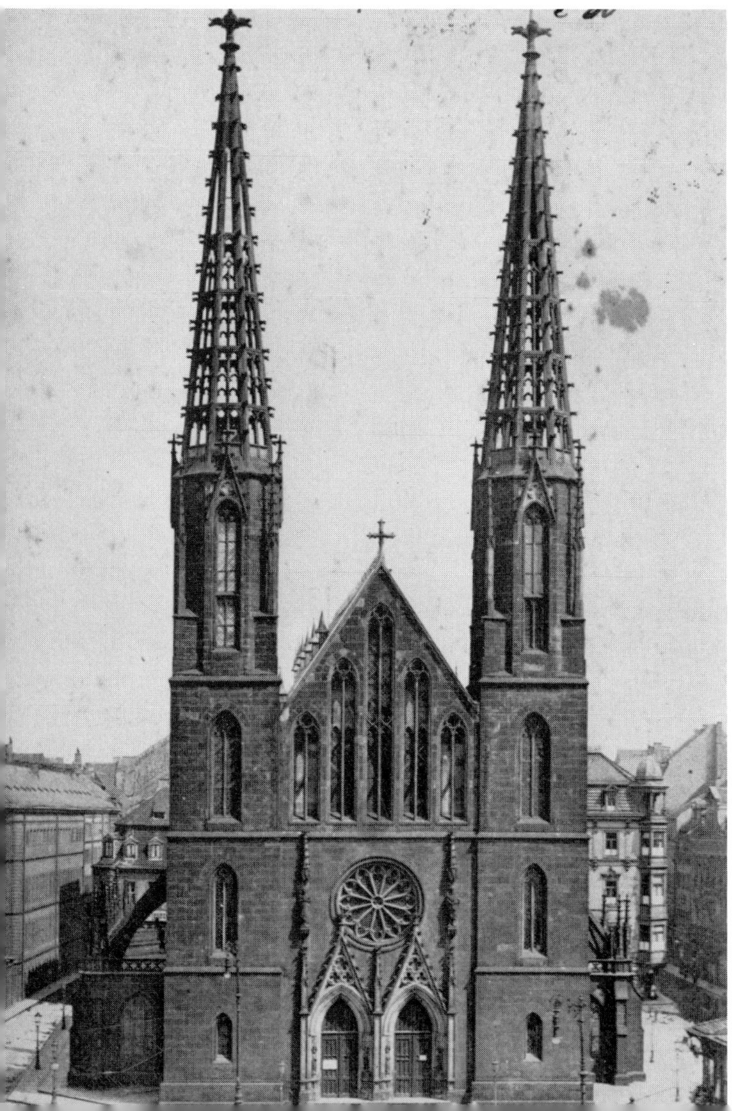

HACIFA

◁ 58 *Die Kreuzschule von F. A. Arnold in den Formen der Neugotik 1864/65 errichtet, davor das Denkmal Th. Körners von E. J. Hähnel 1871*

◁ 59 *Neugotische Turmfront der Sophienkirche von F. A. Arnold 1864/66*

◁ 60 *Viktoriahaus am Ring von W. Lossow und H. Viehweger in den Formen der deutschen Renaissance*

61 *Blick vom Turm der Kreuzkirche auf den nördlichen und westlichen Teil des Altmarktes*

Aus der Luft wird die Lage der Stadt am Strom, der sich wie ein Band in einer weiten Bogenführung durch die längst zusammengewachsenen Siedlungen im Elbkessel zieht, erst völlig nachfühlbar. Das wußten schon die Maler um die Mitte des vergangenen Jahrhunderts, als sie die beliebten Ansichten aus der Vogelschau schufen. Goethe stieg 1813 auf die Kuppel der Frauenkirche, um die »leidigen Trümme« nach dem Siebenjährigen Kriege zu betrachten. Von oben gesehen ordnet sich die Anlage von Pöppelmanns Zwinger mit dem Abschluß des Galeriebaues Sempers und dem von ihm ebenfalls geschaffenen Theaterplatz zu einer großartigen städtebaulichen Konzeption. Mit dem Blick von oben gewinnt auch der Komplex, in dessen Mitte Pöppelmanns Taschenberg-Palais steht, erst die Klarheit, die dem Beschauer von unten mangelt. Eine hervorragende Leistung des Barock entstand in der Führung der Bauten am Neumarkt in einem Halbrund nach der Augustus-Straße westlich der Frauenkirche. In welch hartem Gegensatz erscheint hierzu die Rechteck-Anlage des Altmarktes, die nach dem Vorbild der römischen Castra bei Gründung der Stadt erfolgte. Vom Turm der Neustädter Dreikönigskirche sah man nicht nur die zerstörten Wohnbauten des 18. Jahrhunderts entlang der Hauptstraße, die alte Augustus-Brücke, sondern auch noch die noblen Brühlschen Kleinbauten auf der Terrasse mit dem Dublettensaal, der Bibliothek und dem Palais Brühl, die das Kuppelwunder der Frauenkirche so trefflich zur Geltung kommen ließen und Ende des 19. Jahrhunderts sämtlich der Spitzhacke zum Opfer fielen.

Die moderne Technik fügte dem Luftbild einen weiteren Reiz bei der Betrachtung architektonischer Kostbarkeiten hinzu, das Flutlicht, das sie bei Nacht magisch aus der Dunkelheit aufleuchten läßt. Der Schloßplatz mit dem Ensemble Georgenbau, Schloßturm und Hofkirche von der Brühlschen Terrasse oder auch vom Theaterplatz aus, die Kuppel der Frauenkirche, die sich angestrahlt gegen den nächtlichen Himmel allseitig in neuer Schönheit erschließt, gehörten zu den unvergeßbaren Erlebnissen eines jeden Besuchers der Stadt.

62 *Luftaufnahme des Zwingers, des Opernhauses mit dem Theaterplatz, der Sophienkirche, des Schlosses und der Katholischen Hofkirche*

63 *Blick vom Schloßturm auf das Taschenberg-Palais und die Sophienkirche, rechts der Wettin-Obelisk und der Stadtpavillon des Zwingers*

64 *Luftaufnahme: Blick über die Altstadt*

65 *Die Kuppel der Frauenkirche über der Münzgasse von der Brühlschen Terrasse aus bei Nacht*

66 *Der Georgenbau des Schlosses mit Schloßturm und Hofkirche von der Brühlschen Terrasse aus bei Nacht*

67 *A. Wigand, Der Klosterplatz in der Neustadt aus den Steinen der 1585 säkularisierten Augustinerkirche errichtet*

Nicht alle Straßen und Wohnviertel erfreuten sich der Betreuung des Oberlandbauamtes. Was *außerhalb der Festungsanlage* geschah, entzog sich der Kontrolle. Es wurde nach den augenblicklichen Bedürfnissen der Besitzer durcheinander gebaut, hoch und niedrig, aber doch zunächst nur in bescheidenen Maßstäben. Erst das letzte Drittel des 19. Jahrhunderts setzte mehrstöckige Mietskasernen dazwischen. Auf diesen Straßen und Plätzen wohnte die ärmere Bevölkerung der rasch zunehmenden Großstadt, nachdem die kleine Landwirtschaft dort verschwunden war. Seit den siebziger Jahren waren die kleinen Kneipen und die später dazugekommenen großen Säle Mittelpunkte der Versammlungsorte der sozialdemokratischen Partei. Hier sprachen Wilhelm Liebknecht und August Bebel zu ihren Wählern.

Der Maler Albert Wigand hat vor der Zerstörung eine ganze Reihe dieser Plätze und Straßen zeichnerisch festgehalten. Die Schützengasse hatte ihren Namen nach dem 1554 errichteten Schießhaus der Bogenschützen erhalten, die Palmstraße hieß einmal Hundsgasse, bis sich die Bewohner wegen ihres »nicht eben wohlklingenden Namens« beschwerten, die Stiftsstraße, von der aus man die neuromanische Jakobi-Kirche sah, gehörte einmal zur »Entenpfütze« und führte am »Rabenstein«, dem Henkersplatze vorbei. Der Fischhofplatz erinnerte an das seit 1411 erwähnte Fischerdorf, das schon 1550 als eine der ältesten Vorstädte eingemeindet wurde. Das »Restaurant zum Gardereiter« auf der Mittelgasse war typisch für die Kneipen dieser Gegend. Gleich daneben stand der Queckbrunnen, den ein Storch zierte; der 1461 bereits genannte »lebendige Born« gab unfruchtbaren Frauen Heilkraft. Die zu den städtischen Ziegelwiesen führende Ziegelgasse gehörte zu den ältesten der Vorstadt. In der Neustadt gab es einen Platz, der diesen Vorortstraßen entsprach, den Klosterplatz, dessen Häuser aus den Steinen des 1539 säkularisierten Augustiner-Klosters errichtet waren, in dem Luther als Mönch gepredigt hatte. Als Altendresden durch den Brand von 1685 fast gänzlich zerstört worden war, siedelte man seine Bewohner in den »Scheunenhöfen« nordöstlich der Stadt an.

68 *A. Wigand, Die Schützengasse nahe der Weißeritz zeigt die charakteristischen Kleinbauten der Vorstädte*
69 *A. Wigand, »Restauration zum Gardereiter«, einer der typischen Kleinbauten der Vororte*

70 *Blick durch das Blockhausgäßchen bei Hochwasser auf das Neustädter Rathaus und die Hauptstraße*

Von den Plätzen ist der Altmarkt als ältester Platz bis 1945 in seinem Umfange erhalten geblieben. Nur die in die Südostecke eingebaute Kreuzkirche wechselte im Laufe der Jahrhunderte ihr Gesicht. Als neues Bauglied überragt den Platz seit 1910 der Turm des Neuen Rathauses. Mit der ersten Stadterweiterung entstand als zweiter Platz 1546 der Neumarkt, seine letzte Bebauung erhielt er im wesentlichen im 18. Jahrhundert. Nur der Stallhof P. Buchner geht baulich wiederholt verändert auf das Jahr 1586 zurück. Mit der Niederlegung der Festungswerke erfolgte nach 1820 die Anlage des Pirnaischen Platzes vor dem Pirnaischen Tor; rechts führte die Landhaus-Straße zum Neumarkt, der Durchbruch der König-Johann-Straße zum Altmarkt öffnete 1885 die Verbindung nach den östlichen Vororten. Vor dem Wilschen Tore entwickelte sich zur gleichen Zeit die Anlage des Postplatzes, links führte die Wilsdruffer Straße zum Altmarkt, in der Mitte lief die Wallstraße, die früher am inneren Wall entlang ging, rechts begann auf den Festungswerken zwischen der Bastion Saturn und Merkur die Marien-Straße. Auf der gegenüberliegenden westlichen Seite bestand noch innerhalb der Mauern das hohe Haus der alten Spiegelschleife von 1744, der späteren Gaststätte »Stadtwaldschlößchen«; hinter ihm erhoben sich die neugotischen Türme der Sophienkirche, noch weiter hinter dem Gebüsch leuchten die Kupferdächer der stadtseitigen Zwingerpavillons. Der Theaterplatz ist eine Schöpfung Gottfried Sempers seit 1838. Umgrenzt von den Monumentalbauten der Katholischen Hofkirche, der Gemäldegalerie und des Opernhauses, gab das Hotel Bellevue, ehemals ein klassizistischer Wirtschaftsbau von 1820, dem Platz den Maßstab. Das Italienische Dörfchen kam erst 1913 als Abschluß nach der Elbe hinzu. Nur das Hotel Bellevue wurde ein Opfer völliger Zerstörung.

Von der Brühlschen Terrasse führt eine Treppenanlage zu dem Georg-Treu-Platz mit dem Blick auf die Rückseite des Cosel-Palais und die Kuppel der Frauenkirche. Auch der Albert-Platz in der Neustadt entstand erst als Folge der Niederlegung der Festungswerke, des Schwarzen oder Bautzner Tores. Die Neubebauung seiner Nordseite erhielt er Anfang des 20. Jahrhunderts. Das früheste Hochhaus, ehemals Sitz der Sächsischen Staatsbank, am Eingang der zum Neustädter Bahnhof führenden Anton-Straße, erscheint städtebaulich als eine wenig glückliche Einfügung. In den Anlagen schuf Robert Diez die Brunnen des »ruhigen« und des »stürmischen« Wassers. Vor der Gebäudegruppe erhob sich der kleine von Säulen getragene Rundtempel Erlweins. In ihm sprudelte das Wasser des Artesischen Brunnens. Durch die Wilsdruffer Straße zog sich jahrhunderte lang die Hauptverkehrsader der Stadt. Bis zu ihrer Zerstörung blieb sie ein wichtiges Kaufzentrum. Von ihr aus bog am Altmarkt im rechten Winkel die Schloßstraße ab, die mit dem Georgenbau vor der Elbbrücke ihre Begrenzung fand. In früheren Zeiten stand das Schloß mit seiner Umgebung von Behörden stärker im Mittelpunkt der Straßen-Ereignisse als später das bürgerliche Geschäftsleben. Die Schloßstraße setzte nach Überquerung des Altmarktes südlich die Seestraße fort, die bis zur Ring-Straße führte und sich weiter mit der Prager Straße bis zum Hauptbahnhof erstreckte. Die Seestraße hatte sich seit ihrer Anlage im letzten Jahrhundert immer mehr zu einer reinen Geschäftsstraße entwickelt. — Die mit doppelten Baumreihen besetzte breite Ring-Straße beherrschte seit 1912 der Großbau des Neuen Rathauses mit Turm und Dachreiter. — Zwei kleine reizvolle Gäßchen hatten sich in ihrer alten Bauweise einmal mit der an der Mauer der Brühlschen Terrasse entlangführenden Terrassengasse und dem Blockhausgäßchen der Neustadt erhalten, das von der Elbe auf den Neustädter Markt mit dem Blick auf das Rathaus führte.

Die elbaufwärts gelegene, übervölkerte Vorstadt Johannstadt trug besonders deutlich die Merkmale einer spekulativen Gründerzeit. Straßenzüge reihten sich hier an Straßenzüge, ohne die zu einem späteren Zeitpunkt erfolgte systematische Auflockerung durch Grünpflanzungen. Der Bönischplatz konnte als der Mittelpunkt der Johannstadt gelten. Er wurde bei seiner etwas späteren Anlage 1897 schon mit einigen kärglichen Bäumen bedacht.

71 *Die Südseite des Altmarktes von der Kreuzstraße bis zur Seestraße mit Häusern des 17. und 18. Jahrhunderts*
72 *Der nach dem Abbruch der Festungswerke 1815 angelegte Postplatz mit dem Telegrafenamt*

73 *Blick vom Ring in die Seestraße nach dem Altmarkt*

74 *Blick durch die Schloßstraße zum Schloß und zur Hofkirche*

75 *Blick vom Pirnaischen Platz durch die König-Johann-Straße links und die Landhausstraße rechts*

76 *Der Postplatz mit dem Blick nach dem Zwinger, der alten Spiegelschleife, zuletzt Stadtwaldschlößchen und den Türmen der Sophienkirche, links Palast-Hotel Weber*

77 *Der Bönisch-Platz in der Johannstadt nach der Blumenstraße, Bauten seit 1880*

Wer scheidet, fühlt sich betrogen,
Möchte immer noch stehn und schaun,
Der Brücke steinerne Bogen,
Die Kuppel unserer Fraun.

Rudolf Alexander Schröder

Die Furt zwischen den beiden Ufern der *Elbe* hatte die Gründung der Stadt an dieser Stelle bewirkt. Schon 1287 erwähnt der Chronist die erste steinerne *Brücke.* Sie steht mit am Anfang der Geschichte Dresdens. Das 1315 gegründete Brückenamt blieb durch Jahrhunderte das wichtigste der Stadt. Seine Verwaltung unterstand der Kreuzkirche, deren fromme Stiftungen die Brücke unterhielten. August der Starke ließ sie 1727—31 von Pöppelmann und Fehre erneuern und verbreitern. Seit dieser Zeit trug sie den Namen Augustusbrücke. Sie zählte zu den sieben Wunderwerken der Stadt wie der Zwinger und der Reißige Stall. Auf allen Stadtbildern dominiert sie. Bis 1905 blieb sie in dieser Form mit ihren 24 engen Bogenführungen erhalten. Doch immer mehr zeigte sie sich als ein Hemmnis für die Schiffahrt, als Schrecken der Kapitäne vor allem bei der Talfahrt der Zillen. Alljährlich zerschellte bei hohem Wasser eine oder die andere an ihren Bögen. So entschloß man sich zum Abbruch und zu einem Neubau durch Wilhelm Kreis. Er löste die Aufgabe vorzüglich. 1907 wurde sie eingeweiht. Das älteste Stück Dresdener Geschichte ist mit ihr versunken. Seit Mitte des 19. Jahrhunderts folgten ihr drei weitere Brücken über den Strom. Doch wer von der Brücke spricht, meint sie, die vom Schloßplatz bis vor den Neustädter Markt führt.

Die älteste Ansicht der Stadt Dresden, ein von Heinrich van Cleef 1553 gedruckter Stich, zeigt schon den Blick über Brücke, Strom und Elbfront, der von Merian bis heute die repräsentative Ansicht blieb. Wer Dresden im Bilde zeigt, wer sich an Dresden erinnert, meint die Ansicht, die sich von der mächtigen Brühlschen Terrassenfront bis zum Opernhause dem Auge bietet. Mit der Kuppel der Frauenkirche und dem Turm der Hofkirche hatte die Silhouette Mitte des 18. Jahrhunderts ihre klassische Vollendung gefunden. Das 19. Jahrhundert fügte dem Bestand nur weniges hinzu. Schon von weitem klang dem sich Dresden nahenden Besucher das klassische unvergeßbare Turmensemble von Frauenkirche, Hofkirche und Hausmannsturm des Schlosses auf, nur die Reihenfolge ändert sich, ob er von Pirna oder Meißen zur Stadt seinen Weg nahm.

Bis in das 19. Jahrhundert hinein brachen sich die Fluten am Mauerwerk der Festung. Seit der Elbregulierung ist der mit ihr gewonnene Raum vor der Mauer Mittelpunkt der Personenschiffahrt. Im 20. Jahrhundert folgen auf das königliche Belvedere von Wolframsdorf mit seinen Grünanlagen die Kunstakademie von Lipsius, die kleine Sekundogenitur von Frölich und Dunger und zuletzt das Ständehaus von Wallot. Nach der Zäsur durch den Schloßplatz mit dem neuen Georgenbau von Dunger und Frölich, der Residenz und der Katholischen Hofkirche Chiaveris mit ihrem von der Flußmitte aus frontal sichtbarem grazilen Turme geht das Auge jenseits der Brücke weiter bis zu dem 1910 abgerissenen Restaurant von Helbigs mit seinen berühmten Militärmusiken, die von einem Podium inmitten der Elbe aus spielten. 1912 errichtete hier Erlwein das »Italienische Dörfchen«, nachdem ein neuer Straßenzug entlang des Flusses geführt worden war. Das vornehmste Dresdner Hotel »Bellevue« mit dem dahinterliegenden Opernhaus schloß die repräsentative Elbfront ab.

Hochwasser, das die benachbarten Straßenzüge unter Wasser setzte, und das Niedrigwasser, das die Schiffahrt einzustellen zwang, bereitete den Anliegern bis in die zwanziger Jahre hinein schwere Sorgen. Erst mit den oberhalb der sächsischen Grenze angelegten Stauwerken wurde die Elbe ein frommer Fluß, den die Dresdner nur noch mit Interesse zur »Eisfahrt« betrachten, wenn sich die »böhmischen Kuchen« auf die Reise in die Nordsee machen.

Bis in die Mitte des 19. Jahrhunderts war die Elbe gesegnet durch den Reichtum an Fischen. Aus dem 17. Jahrhundert gibt es eine Ratsverordnung, die besagt, daß dem Gesinde nicht mehr als dreimal in der Woche Lachs gereicht werden dürfe. Nach der Verseuchung durch die

78 *Blick vom Neustädter Ufer am Waldschlößchen auf die Silhouette der Stadt* ▷
79 *Elbufer der Altstadt mit Brühlscher Terrasse unterhalb der Carola-Brücke mit Dampferanlegeplatz* ▷
80 *Blick von der Brühlschen Terrasse nach den Loschwitzbergen* ▷

Industrie zeigt sich heute kaum mehr ein Weißfisch im Flusse. Ende des 19. Jahrhunderts reihten sich die Badeanstalten, streng getrennt nach Herren und Damen, von Loschwitz bis zum Zentrum aneinander. Nach dem ersten Weltkrieg verzogen sich die Gäste in die Freibäder der Umgebung. Besonders beliebt waren dafür die Wiesen vor »Antons« gegenüber dem Waldschlößchen.

Von jeher war die Elbe ein wichtiger Handelsweg. Von Böhmen kamen die Hölzer, zu großen Flößen vereint, angeschwommen; aus dem Elbsandsteingebirge, als Sächsische Schweiz bekannt, wurden die Steine bis nach Skandinavien verfrachtet. Auf besonderen Wegen am Flußrand zogen die Treidler dann mühsam, singend, die Schiffe wieder zu ihrem Ausgangsort. 1822 erfolgte die Freigabe der Elbschiffahrt bis Hamburg. Doch erst mit dem Beginn der Dampfschiffahrt, als 1837 das erste Elbschiff, die »Königin Maria«, im nahen Übigau vom Stapel lief, begann für den Verkehr eine neue Epoche. In langen Schleppzügen bewegten sich jetzt die Zillen aus Böhmen bis Hamburg, wo ihr Gut bis nach Übersee weiterverladen wurde. In den sechziger Jahren des 19. Jahrhunderts legte man von Magdeburg bis nach Böhmen eine eiserne Kette in den Fluß. An ihr glitten die Kettenschlepper die Elbe hinauf und herunter.

115

81 *Blick vom Turm der Katholischen Hofkirche über die Augustusbrücke M. D. Pöppelmanns nach der Neustadt*
82 *Kettenschlepper mit der Blasewitzer Elbbrücke, dem Blauen Wunder, links Bootshaus des Dresdner Ruderclubs*

Der Vorteil dieses Schleppverfahrens bestand in seiner einfachen Wartung bei sparsamem Personal. Das Rasseln der Ketten machte einen Höllenlärm, kilometerweit war es zu hören. Noch lärmender vollzog sich der Kettenwechsel bei der Begegnung der auf- und abwärtsfahrenden Schlepper. Als Bismarck bei seinem Besuch 1882 im »Bellevue« wohnte, wurde ihm als besondere Ehre erwiesen, daß diese Schlepper am frühen Morgen das Hotel nicht passieren durften. In den dreißiger Jahren wurde dieser Schleppdienst eingestellt.

Seit es eine Elbschiffahrt gibt, fährt der Dresdner wie der Besucher der Stadt von der Brühlschen Terrasse aus stromauf nach dem nahen Lustschloß Pillnitz und weiter in die Sächsische Schweiz bis nach Böhmen hinein. Oder er nimmt den Weg stromabwärts nach Meißen, der Stadt, die dem Lande einmal seinen Namen gab — bis heute führen die Chefs des Hauses Wettin den Titel der Markgrafen von Meißen. In der letzten sächsischen Stadt, in Strehla, dreht der Dampfer von jeher zur Rückkehr nach Dresden bei.

83 *Elbfloß vor der Treppenanlage Z. Longuelunes von Schloß Pillnitz*

84 *Die zugefrorene Elbe 1929, Blick auf die Neustadt mit dem Blockhaus Z. Longuelunes und dem Turm der Dreikönigskirche*

85 *König Albert (1873–1903) in der Uniform des Hosenbandordens*

86 *König Friedrich August III. (1905–1918) mit seinen 3 Söhnen und 2 Töchtern, die Jüngste fehlt*

87 *König Friedrich August III. bei einem Empfang vor dem Hauptbahnhof*

88 *Kronprinz Georg als Pater Georg von Sachsen; S. J.*

89 *Trauerfeier für König Friedrich August III. in der Katholischen Hofkirche am 23. Februar 1932*

Die Wettiner waren nicht nur in Dresden beliebt, obwohl man ihnen im protestantischen Sachsen die Rückkehr zur katholischen Kirche nie recht verzieh. Seit dem Siebenjährigen Kriege ging es am Hofe an der Elbe recht still zu. König Johann, der Gelehrte auf dem Königsthron, trat als Übersetzer von Dantes Divina Comedia unter dem Namen Philaletes hervor. Sein Nachfolger Albert erntete noch einmal als Feldmarschall 1870/71 militärischen Ruhm, er brachte zwar nicht die Kunststadt Dresden, aber das Land Sachsen wieder zu Ansehen. Die kurze Regierungszeit seines Bruders Georg verlief farblos. Mit seinem Sohn Friedrich August III. kam 1904 ein Wettiner zur Regierung, der sich höchster Popularität erfreute. Nach dem unglücklichen Ende seiner Ehe, das die Dresdener finsteren Intrigen zuschrieben, weil sie den Kronprinzen und seine fesche Frau gleichermaßen liebten, erfreute er sie als vorbildlicher Familienvater. Sie trafen ihn sonntags immer wieder in einem Kuchengarten der Umgebung mit den Kindern, und im Winter fuhr er mit ihnen Schlittschuh auf dem Carolasee. Sein täglicher Spaziergang führte ihn an den Schaufenstern der Prager Straße vorbei bis zum Hauptbahnhof. Am 9. November 1918 verließ Friedrich August durch eine Hinterpforte das Schloß seiner Väter und begab sich über Moritzburg auf seine schlesischen Besitzungen. Kronprinz Georg hatte das Verhängnis für das Haus lange vorher kommen sehen. Nach der Marneschlacht 1914 sagte er zu seinem Bruder Friedrich Christian: »Der Krieg ist hier verloren und mit ihm die Monarchie«. Nach dem Kriege studierte Georg katholische Theologie und trat in den Jesuitenorden ein. 1943 ertrank Pater Georg S. J. im Glienecker See bei Berlin. Prinz Friedrich Christian, der sich Markgraf von Meißen nannte, wurde Chef des Hauses und baute sich im nahen Wachwitz ein neues Anwesen. Der jüngste der Söhne, Prinz Ernst Heinrich, verwaltete bis 1945 in Moritzburg das Vermögen des Hauses Wettin.

Über den »Geenig« kursierten zahllose Anekdoten. Einige sind sogar wahr. Wohl die schönste: Friedrich August fährt zum Besuch seiner Töchter nach Süddeutschland. Dabei war bekannt geworden, daß der Zug in einem mittelsächsischen Knotenpunkt halten würde. Zu dem Ereignis hatten sich viele Einwohner auf dem Bahnhof eingefunden und riefen nach ihm. Nach einer Weile erschien er am Fenster und begrüßte die Begeisterten mit den inzwischen klassisch gewordenen Worten: »Ihr seid mir ja scheene Rebubliganer«. Ohne vorherige Krankheit ist er in Sybillenort nach einem Schlaganfall gestorben. Am 28. Februar 1932 kam der Kondukt auf dem Hauptbahnhof an. Die Reichswehr hob den Sarg des Feldmarschalls der alten Armee auf eine Lafette, der Zug bewegte sich bis zur Hofkirche, der Ruhestätte der katholischen Wettiner. Vor dem Hochaltar war das traditionelle Castrum doloris errichtet. Fast eine halbe Million Menschen hatten den Weg bis hierher umsäumt. Jetzt nahmen sie drei Tage lang Abschied. Es war kein Bekenntnis zur Monarchie. Es war die Trauer um den Menschen Friedrich August III., der einmal ihr König war in einer Zeit, die vielen von ihnen als eine bessere erschien. Nur einmal noch sah Dresden in seinen Straßen so viele Menschen, als der Flüchtlingsstrom aus dem Osten im Februar 1945 durch die Stadt flutete und die englischen und amerikanischen Bomben auf die Fliehenden stürzten.

90 *Das Altstädter Rathaus an der Westseite des Altmarktes von J. C. Knöffel und J. G. Fehre 1741/45, rechts die alte Löwenapotheke J. Fehres d. Ält., 1709*

91 *Oberbürgermeister G. D. Beutler (1895—1915)*

Die Stadt Dresden hatte etwa 100 Jahre nach ihrer Gründung einen Bürgermeister erhalten. Er blieb, vor allem seit die Stadt Residenz des Hauses Wettin war, in Abhängigkeit von der Landesherrschaft. Sie bestimmte die Grundzüge der Verwaltung. Dieser Zustand änderte sich erst 1832 mit dem Inkrafttreten der Sächsischen Städteordnung. Der erste, der den Titel eines *Oberbürgermeisters* führte, war Friedrich Wilhelm Pfotenhauer, der von 1849 bis 1877 das Amt ausübte. Ihm folgte bis 1895 Paul Alfred Stübel, unter ihm entwickelte sich Dresden zur Großstadt. Sein Nachfolger Gustav Otto Beutler gab bis 1915 der Stadt das Gesicht, wie es sich im wesentlichen bis 1945 repräsentierte. Der Umgang mit ihm war nicht leicht, er hatte aber eine sichere Hand bei der Wahl seiner Mitarbeiter. So gelang es ihm nicht nur hervorragende Architekten zu gewinnen und Großbauten wie das neue Rathaus und den Schlachthofkomplex mit nicht weniger als 46 Gebäuden zu errichten, unter seiner Förderung gelangte auch das neue Kunstgeschehen zur Blüte. Sein Nachfolger Bernhard Blüher übernahm das Amt 1915 inmitten des Krieges. Es folgten die Inflation mit der allgemeinen Verarmung, in dem alles öffentliche Baugeschehen ruhte, und seit 1929 die große Wirtschaftskrise, von der gerade Sachsen mit seiner Klein- und Mittelindustrie besonders hart getroffen wurde. Blüher blie-

92 *Der Neustädter Markt mit dem Neustädter Rathaus von J. C. Knöffel, J. G. Fehre und J. Chr. Berger, 1750/54, im Vordergrund das in Kupfer getriebene und vergoldete Reiterdenkmal August des Starken, 1732/34*

ben kaum Möglichkeiten zur schöpferischen Tätigkeit für die Weiterentwicklung der Stadt. Er war ein ausgezeichneter Verwaltungsjurist, der sich für die Deutsche Volkspartei auch politisch führend betätigte. Unter ihm erhielt die Stadt 1924 eine neue Verfassung. Das Musische lag ihm fern. Dem künstlerischen Aufbruch der zwanziger Jahre stand er verständnislos gegenüber.

Mit seinem Nachfolger Wilhelm Külz, einem hervorragenden Vertreter der Demokratischen Partei und ehemaligem Reichsminister des Innern, hoffte man eine Persönlichkeit gewählt zu haben, die die drängenden Aufgaben der Gegenwart, wie sie nach Krieg, Inflation und Wirtschaftskrise der Bewältigung harrten, lösen würde. Es blieb ihm keine Zeit dazu, denn im Februar 1933 jagte die NSDAP den verdienten Mann aus dem Amte. Heute trägt die Straße vor seiner nur kurzen Wirkungsstätte, dem Neuen Rathause, den Namen Dr. Wilhelm-Külz-Ring.

Nach einem Interim folgte ein Nationalsozialist als Oberbürgermeister, der den Geschäften völlig fremd gegenüberstand. Als »König Lustig« ist Ernst Zörner dem Gedächtnis der alten Dresdner erhalten geblieben. Nachdem er beim Reichsstatthalter Martin Mutschmann — als »König Mu« in ganz Sachsen verhaßt — in Ungnade gefallen war, wurde er 1937 durch einen farblosen Vertreter ersetzt.

Dresden besaß zwei barocke Rathäuser, deren charakteristischen Schmuck eine gliedernde Lisenenarchitektur und ein akzentsetzender Dachreiter mit Uhr waren. Beide Bauten waren im wesentlichen Werke des Oberlandbaumeisters Johann Christoph Knöffel und des Ratsmaurermeisters Johann Gottfried Fehre. Das in die Platzfront des Altmarktes eingebundene Altstädter Rathaus entstand 1741—45, das Neustädter mit der Hauptfront nach dem Markt 1750—54. Bei der wachsenden Stadt erwies sich der Altstädter Bau als zu klein. Doch erst 1905—10 entstand nach Abbruch ganzer Straßenzüge ein repräsentativer Neubau nach Plänen von Karl Roth und Edmund Bräter am Ring und dem neugeschaffenen Rathausplatz. Den überdimensionierten Turm bekrönt der vergoldete, bronzene »Rathausmann« mit Füllhorn und und Mauerkrone von Richard Guhr, der 1945 ebenso wie die Nike Robert Henzes auf der Kuppel der Kunstakademie über der brennenden Stadt unversehrt leuchtete. So wurden beide Bildwerke zu besonderen Lieblingen der Dresdner. An der künstlerischen Ausgestaltung des Rathauses beteiligte sich nach 1910 die gesamte namhafte Künstlerschaft der Stadt. Hermann Prells in traditionellem Stile gehaltener, zerstörter Festsaal und das erhaltene Treppenhaus mit den dekorativen Gemälden von Otto Gußmann charakterisieren am glücklichsten den Zeitstil Dresdens kurz vor dem Kriege.

93 *Der große Festsaal im Obergeschoß des Neuen Rathauses mit Gemälden von H. Prell, 1910*

94 *Robert Sterl, Oberbürgermeister B. Blüher (1915 bis 1929)*

95 *Aufgang zu den Festräumen des Neuen Rathauses, Architektur von K. Roth, Gemälde von O. Gußmann 1910*

96 Unbekannter Künstler, Festzug zum 800jährigen Regierungsjubiläum des Hauses Wettin, 19. Juni 1889, auf dem Neumarkt, im Hintergrund der Stallhof, das spätere Johanneum

Die Zeitereignisse: Drei Kriege hatte Sachsen in etwas mehr als einem Jahrhundert verloren. Der Siebenjährige Krieg endete 1763 im Frieden von Hubertusburg mit dem Verluste der polnischen Königskrone, des Anspruchs auf die Stellung einer mitteleuropäischen Großmacht und der Zerstörung eines Teiles der Stadt durch die Preußen. 1815 mußte es das halbe Land als Provinz Sachsen an Preußen abtreten. 1866 rettete nach Königgrätz nur der Einsatz Kaiser Franz Josephs seinen treuesten Verbündeten vor der völligen Annexion gleich Hannover und Braunschweig. Immer hatten die Dresdner die härtesten Lasten der Besatzungsmacht zu tragen gehabt. 1870/71 standen sie endlich wieder einmal auf der Seite der Sieger. Die Dresdener haben merkwürdigerweise nur in bescheidenem Maße den Preußen ihre Überfälle und Belästigungen nachgetragen. Wie Kursachen durch die Jahrhunderte nach dem Tode des Kaisers obligatorisch den Reichsverweser stellte und seine Kurfürsten im Kriege das Reichsheer anführten, was sich bis heute wenigstens noch in den Kurschwertern als Signet der Erzeugnisse der Meißner Porzellanmanufaktur (farbig in Unterglasurblau verfremdet) zeigt, so wandelten sie sich jetzt in treue Diener des neuen Reiches. Mit dem in Dresden geborenen Heinrich von Treitschke stellten sie zudem den preußischsten der preußischen Geschichtsschreiber. Jetzt feierten die Dresdener nicht nur den Sieg nach 1871, sondern umjubelten auch bei ihren Besuchen die preußischen Potentaten und ihre Paladine, voran Bismarck, der sie erst wenige Jahre vorher mit Krieg überzogen hatte. Sie waren es, die 1892 nach seiner Entlassung mit der Serie der triumphalen Huldigungen begannen, die der Exkanzler später bei seinen Fahrten durch Nord und Süd erlebte. Es mochte das einmal ein Ausgleich sein, daß man über ein Jahrhundert auf der Schattenseite stand, zum anderen ein Ersatz für die politischen Enttäuschungen, die den Jahren 1848/49 gefolgt waren und Semper wie Wagner zur Flucht veranlaßten. Auch der verschiedenen Jubiläen des Hauses Wettin wurde festlich gedacht. Ein besonderes Ereignis brachte das Jahr 1889 mit dem Gedenken an das achthundertjährige Regierungsjubiläum, als Heinrich von Eilenburg aus dem Hause Wettin mit der Markgrafschaft Meißen belehnt wurde. Das Jubiläum gab auch Veranlassung zur letzten großen Umgestaltung des Schlosses in den Formen der Neurenaissance. Mitten in den Krieg fiel die 400-Jahrfeier der Reformation am 31.10.1917, zu der die militärischen Formationen auf dem festlich geschmückten Altmarkt aufmarschierten.

Neben diesen national gestimmten Festlichkeiten liefen die ganz anders gearteten internationalen Feiertage, vor allem der 1. Mai, der Sozialdemokratischen Partei einher. Sie war in Eisenach 1869 mit einem marxistischen

97 *August Bebel zur Feier des 1. Mai 1890 in Dresden*

98 *Das Hochwasser der Weißeritz zerstörte u. a. am 31. 7. 1897 das Rathaus in Löbtau*

Programm gegründet worden und stellte sich im Gegensatz zu Lassalle feindlich zur Bismarckschen Politik. In Dresden erfolgte im gleichen Jahr die Gründung des sozialdemokratischen Arbeiterbildungsvereins, der auch in den Jahren des Sozialistengesetzes nach 1878 erfolgreich seine Tätigkeit fortsetzte. Zur Wahl im ersten Reichstag 1871 erhielt der Kandidat der S. P. D. Wilhelm Liebknecht die höchste Stimmenzahl aller Abgeordneten, August Bebel siegte in der Stichwahl. Es gelang der SPD, die Stimmen eines Teils der von der politischen Entwicklung enttäuschten Fortschrittlichen und Liberalen, die vordem in Dresden die Mehrheit stellten, zu gewinnen. 1903 eroberte die SPD im »roten Königreich« 22 von 23 Reichstagsmandaten, 1913 waren es noch 19. Ein Höhepunkt für die Dresdener SPD bedeutete der Parteitag von 1903, der in den Trianonsälen am Schützenplatz stattfand. Rosa Luxemburg und Clara Zetkin waren häufig Gäste der Stadt. Wirtschaftliche Interessen beherrschten das politische Leben immer stärker; 1903 wurde ebenfalls im Trianon der Zentralverband der deutschen Konsumgenossenschaft gegründet. Die räumlich unerfreuliche Situation in diesem »Balletablissement« führte zum Bau des Volkshauses auf der Ritzenbergstraße, das nun bis 1933 Mittelpunkt des Parteilebens wurde.

Dresden beherbergte die größte Garnison Sachsens. Nach dem Kriege 1870/71 wurden die Regimenter aus dem Stadtkern herausgezogen und in den Kasernen der neuerbauten Albertstadt am Heiderand untergebracht. Die Gardereiter galten noch vor den Gardegrenadieren der Regimenter 100 und 101 als die feudalste Formation. Alljährlich fand auf dem Alaunplatz vor der Schützenkaserne die Königsgeburtstagsparade der Dresdener Garnison statt. Sie verlief auch im Mai 1914 als ungetrübtes Fest, zu dem die Dresdener als Zuschauer strömten. Niemand dachte an diesem sonnigen Frühlingstag an kommende kriegerische Ereignisse.

Die Mobilmachung wurde wie überall mit Begeisterung aufgenommen. Zu Tausenden drängten sich die Neugierigen vor den Redaktionen der Tageszeitungen, um die neuesten Nachrichten zu erfahren. Blumengeschmückt rückten die Truppen auf die Bahnhöfe. Doch der Krieg war nicht Weihnachten zu Ende, wie die Optimisten meinten, er zögerte sich immer mehr hinaus. In dem Industrieland Sachsen mit seiner dichten Bevölkerung war bereits im Herbst 1916 die Versorgungslage äußerst schwierig, die ersten Volksküchen mußten zur Entlastung eingerichtet werden, als in Bayern und Schleswig-Holstein noch Fülle herrschte. 1917 folgte der Kohlrübenwinter, dem Tausende der Zivilbevölkerung erlagen. Längst war die Begeisterung von 1914 einer Lethargie gewichen.

99 Die letzte Königsparade am 25. Mai 1914 auf dem Alaunplatz vor der Schützenkaserne

100 *E. Limmer, Mobilmachung am 1. August 1914 vor dem Hause des Dresdner Anzeigers in der Breite Straße*
101 *Auszug des Dresdner Feldartillerie-Regiments Nr. 48 aus der Kaserne, August 1914*

So verliefen auch die Revolutionstage nach dem 8. November, die das Ende der Monarchie brachten, bis auf eine Reihe unbedeutender Demonstrationen in völliger Ruhe. Man war froh, daß der Krieg ein Ende hatte. Die Arbeiter- und Soldatenratswahlen am 24. November 1918 brachten der alten SPD einen überwältigenden Sieg. Die Ruhe hielt aber nicht an. Die Not, die sich auf den Straßen breit machte (Otto Dix hat auch das Elend der Krüppel geschildert), vor allem die immer schlechter werdende Lebensmittelversorgung im landwirtschaftsarmen Sachsen führten zu Unruhen. Im April 1919 warfen radikale Elemente den sozialdemokratischen Kriegsminister über die Augustusbrücke in die Elbe und schossen auf ihn, als er sich schwimmend zu retten suchte. Im März 1920 folgte der Kapp-Putsch, der die Reichsregierung mit ihrem Reichspräsidenten Friedrich Ebert auf der Flucht in Dresden sah. Heftige Kämpfe spielten sich vor allem auf dem Postplatze um das Telegrafenamt ab. Nach wenigen Tagen schon war der Spuk verflogen. Nur noch einmal kam es zu blutigen Ereignissen, als die Reichsregierung im Herbst 1923 gegen Sachsen die Exekution durchführte und die sächsische Regierung zum Rücktritt zwang.

Mit dem Ende der Inflation schien zunächst das schlimmste Übel gebannt. Auch die Dresdener Stadtväter hatten wiederholt Notgeld drucken müssen, um Angestellte und Arbeiter bezahlen zu können. Der 10-Milliardenschein trug das charakteristische Brückenmännchen als Signet. Doch schon Ende der zwanziger Jahre verschlechterten sich die wirtschaftlichen Verhältnisse erneut rapide. Die sächsischen Kleinindustrien und die Dresdener Luxusindustrie litten besonders schwer unter der Depression, die Arbeitslosenziffern lagen weit über dem Reichsdurchschnitt. Trotzdem ist Dresden niemals eine Hochburg des Nationalsozialismus geworden. 1929 erhielt die NSDAP im Stadtparlament nur 4 Sitze, im November 1932 waren es 23.

Neben den politischen Geschehnissen haben den Dresdener freudige und traurige Ereignisse bewegt. Im Frühjahr 1897 brannte die Kreuzkirche bis auf die Grundmauern aus. Das gleiche Jahr sah im Sommer das große Weißeritzhochwasser. Das durch einen Wolkenbruch im vorderen Erzgebirge angefüllte Flüßchen zerstörte, bis es in die Elbe mündete, vor allem Teile der Vorstadt Löbtau mit dem Rathaus. Die großen Schäden gaben Veranlassung, seinen Lauf zu ändern und die Mündung unterhalb der Stadt zu verlegen. Hochwasserstand und Niedrigwasser der Elbe führte alljährlich zu mehr oder weniger großen Krisen. Das niedrigste Wasser des Jahrhunderts erlebte Dresden 1904. Damals konnte man ohne Mühe durch den Fluß waten.

1900 fielen zwei der schönsten Bauten vor der Treppe zur Brühlschen Terrasse, das Palais Brühl und das Palais Fürstenberg, der Spitzhacke zum Opfer. An ihrer Stelle errichtete Paul Wallot den neuen Landtag. Lokalpolitisch von Wichtigkeit erscheint die Eingemeindung von gleich neun Vororten. Das reichste der vorörtlichen Dörfer war Blasewitz, bekannt durch die reizende Gestalt

102 *Interims-Brücke anläßlich des Abbruchs der Augustus-Brücke 1907*

103 *Havarie der Elbzille »Alwine Auguste« vor der Augustus-Brücke am 26. 3. 1906*

der Gustel von Blasewitz in Schillers Wallenstein. Es entzog sich damals der Eingemeindung aus steuerlichen Gründen und folgte erst mit Loschwitz wie dem Kurort Weißer Hirsch nach dem ersten Weltkrieg. Zwei Neubauten bewegten vor allem die Gemüter, die neue Elbbrücke an Stelle der alten Augustusbrücke und der Neubau des Rathauses am Ring. Zu seiner Grundsteinlegung 1905 war auch der König erschienen. Die feierliche Einweihung mit dem durch Abbrüche entstandenen Rathausplatz erfolgte 1912.

Damals verging kaum eine Woche, in der nicht das Jubiläum eines Prominenten, das Stiftungsfest einer der Gesellschaften wie der »Ressource« oder die Fahnenweihe eines Vereins, bei der man dabei sein mußte, gefeiert wurde. Auch die »Verbindungen« der Studenten der Technischen Hochschule nahmen jede Veranlassung wahr, um mit Damen und Alten Herren festlich zu feiern.

Ein Jahr vor Kriegsbeginn verloren die Dresdener im nahen Kaditz ihre Luftschiffhalle, in der meist ein »Zeppelin« oder ein »Parsival« stationiert waren. So blieb es ihnen wenigstens erspart, sie nach dem Friedensvertrag abmontieren zu müssen. Kurz vor Kriegsende erlebte die Stadt ein großes Zugunglück, als der Berliner D-Zug vor seiner Einfahrt in den Hauptbahnhof entgleiste. Viele Todesopfer waren zu beklagen.

Schon vor dem ersten Weltkrieg versuchten die Dresdener einen Carneval zu veranstalten. Sie brachten es jeweils aber nur bis zu einem bescheidenen amtlich gelenkten Festzuge. Das sächsische Temperament ist für das Faschingstreiben eben nicht geschaffen. Die reizvollsten Feste auch nach dem Kriege fanden in geschlossenem Rahmen statt. Allen voran stand das Gaukler-Fest der Kunst-Akademie, dem das »Karikatu« der Kunstgenossenschaft, der »Bauernball« und das »Pressefest« folgten. Der noble Opernball in Frack und großen Toiletten bildete das wichtigste gesellschaftliche Ereignis am Jahresschluß. Zu den Soireen der charmanten Baronin Kaskel im Semper-Palais Oppenheim und bei dem Industriellen Lingner im zweiten der Albrechtschlösser auf den Loschwitzbergen fanden nur wenige Bevorzugte Zutritt. An den Abenden der Baronin, an denen die Musik dominierte, trat auf, was Rang und Namen in Europa hatte und in Dresden ansässig war oder zu Gast weilte.

Zu den wenigen freien Plätzen am Rande der Innenstadt gehörte das Gelände der ehemaligen Merkur-Bastei zwischen Wallstraße und Marien-Allee auf dem zugeschütteten Graben und den Kasematten der geschleiften Festung. Hier wollte 1927 der Dresdener Anzeiger sein neues Haus errichten, gab aber wegen der Wirtschaftsdepression den Plan auf. Immerhin erfolgte im gleichen Jahre die Grundsteinlegung des schon vor dem Kriege durch August Lingner geplanten Hygiene-Museums von Wilhelm Kreis, der 1932 den Bau vollendete. Es wurde in der Dresdener Bombennacht in seinem Inneren weitgehend zerstört, konnte aber in wenigen Jahren erweitert wiederhergestellt werden.

104 *Der neue Rathausplatz zur Einweihung des Neuen Rathauses 1912*

105 *Grundsteinlegung zum Hygiene-Museum mit Oberbürgermeister Blüher, Architekt W. Kreis, mit dem Hammer Verwaltungsdirektor Seiring, 8. Oktober 1927*

106 *Otto Dix, Die Kriegskrüppel 1920, sie saßen am Ende des Weltkrieges vor den Vergnügungsstätten und bettelten*

107 *Zum Kapp-Putsch im März 1920 war die Reichsregierung nach Dresden geflohen, die Reichswehr besetzte das Telegrafenamt auf dem Postplatz*

108 *Blick auf den Theaterplatz mit dem Denkmal König Johanns, dem zweiten Opernhaus G. Sempers und dem Hotel Bellevue*

Nachdem 1869 das erste *Opernhaus* Gottfried Sempers, die Wirkungsstätte Richard Wagners, aus Leichtfertigkeit abgebrannt war, beauftragte man erneut den gleichen Mann, der wegen seiner revolutionären Tätigkeit 1849 mit Richard Wagner die Stadt hatte verlassen müssen, mit der Planung des Neubaues. Unter der Bauleitung seines Sohnes Manfred stand das Haus 1879 wieder vollendet. Es ist uns wenigstens in seinen vorderen und den seitlichen Fassaden erhalten geblieben. In den Formen der Hochrenaissance errichtet, zeigt es einen zweigeschossigen Arkadenbau in Form eines Segmentbogens mit schmalen Seitenflügeln. Die mittlere Exedra bekrönt die bronzene Pantherquadriga von Johannes Schilling, eines der Wahrzeichen von Dresden. Der Bau, letzter Gipfel architektonischen Schaffens der Stadt, wirkte sich auf alle Theaterbauten der kommenden Jahrzehnte in ganz Europa aus. Die prunkhafte Ausstattung der Oper mit ihrer noblen Architektur und Farbigkeit, ihrer Hoheit und ihrem feierlichen Ernst wird niemand, der sie in strahlendem Lichterglanz, angefüllt mit einem erregten Publikum, sah, vergessen können.

Als das Haus vollendet stand, war längst der Mann gewonnen, der es zu neuem musikalischen Weltruhm führen sollte: Ernst von Schuch, der 42 Jahre bis zu seinem Tode 1914 die letzten Jahrzehnte als Generalmusikdirektor, das Orchester führte. In der »Ära Schuch« hat es nicht weniger als 51 Uraufführungen und über 120 Erstaufführungen gegeben. Er war ein hervorragender Orchestererzieher, noch kein moderner Reise-Dirigent.

Als nach einem Interregnum 1922 der junge Fritz Busch aus Stuttgart das erste seiner Sinfoniekonzerte dirigierte, war er begeistert über das Erlebnis dieses Hauses. Seine Frau Grete erinnert sich in der Biographie ihres Mannes daran. »Nie vorher und niemals später habe ich meinen Mann so außer sich, so beseeligt und geradezu glückstrunken gesehen wie damals bei seiner Rückkehr aus Dresden, den Klang dieses Orchesters beständig im Ohr.«

Ein wesentlicher Anteil an der »Ära Schuch« gebührt dem seit 1894 wirkenden Generalintendanten Graf Nikolaus von Seebach, der durch seine Aufgeschlossenheit die Oper und vor allem das Schauspiel sich frei entwikkeln ließ. Er blieb 25 Jahre im Amt, überlebte den Sturz des Königs und schied erst 1919 aus der Leitung, wenn auch nicht aus seiner Loge, in der ihn Robert Sterl in kennzeichnender Haltung malte. Er starb als letzter Grandseigneur seiner Zeit.

Schuch setzte sich von Anfang an für Richard Wagner ein, der bei seinem letzten Besuch in Dresden von ihm sagte: »Das ist der einzige Schuch, der mich nicht drückt.« Früh erkannte er die Bedeutung der italienischen Veristen mit Mascagni, Leoncavallo und Puccini, auch setzte er sich für die Spätwerke Verdis »Falstaff« und »Othello«, hier mit allerdings sonder Glück ein. Die Verdi-Renaissance erlebte Dresden erst 30 Jahre später unter Fritz Busch.

Was den bis heute noch lebendigen Ruhm Schuchs ausmacht, ist die Entdeckung von Richard Strauss für die Oper. Ihm ist es zu verdanken, daß Dresden und Richard Strauss für die Opernwelt Synonyma geworden sind. 1901 erschien als erste Strauss-Uraufführung »Feuersnot«. Doch das große Ereignis kam erst mit der »Salome« 1905. Karl Burrian sang den Herodes, Karl Perron den Jochanaan, Maria Wittich war die Salome, die Rolle der Herodias übernahm zunächst ein Gast, dann Irene von Chavanne. Presse und Publikum waren sich zunächst keineswegs einig, sie sahen in der »Salome« ein typisches Zeugnis der Dekadenz. Als dritte Strauss-Oper folgte 1909 die »Elektra« mit Margarete Siems, Karl Perron, Johannes Sembach; die Wienerin Ernestine Schumann-Heink sang als Gast die Klytemnästra. Die Heink sagte damals auf der Probe: »Bei euch ist ja alles großartig, aber der Großartigste ist doch der«, indem sie auf Schuch zeigte. Blieb die Aufnahme der »Elektra« noch zwiespältig, so kam der Welterfolg mit dem »Rosenkavalier« 1911, der bis heute populärsten Oper von Strauss. Alles eilte im Jahre der Internationalen Hygiene-Ausstellung nach Dresden, Sonderzüge wurden zu den Aufführunden aus Berlin und Leipzig eingesetzt. Der Strauss-Biograph Joseph Gregor zog später die Bilanz, indem er schrieb: »Es war das letzte, ganz sorgenfreie, internationale Theaterfest des Europa vor dem Kriege.« Ein herrliches Ensemble bestritt die Gesangspartien. Zur Regie, die Ernst Toller führte, hatte man Max Reinhardt herangezogen, Roller, jetzt in Wien tätig, schuf die Dekorationen und Kostüme. Margarete Siems sang, unvergeßbar, die Marschallin, Eva Plaschke – von der Osten war der erste Oktavian, Karl Perron der Ochs, Minnie Nast die Sophie, Karl Scheidemantel der Faninal. Der Glanz der Rosenkavalier-Aufführungen blieb durch die Jahrzehnte erhalten. Ludwig Ermold als Ochs, Martha Fuchs als Marschallin, Erna Berger als Sophie und Tino Patticra als Sänger sind, wie manche andere, ebenfalls in die Theatergeschichte eingegangen.
Die Uraufführungen von Richard Strauss, die nach dem Kriege folgten, standen unter der Stabführung von Fritz Busch. Das reizvolle »Intermezzo« im Stil des modernen Konversationslustspieles wurde 1924 in das mehr entsprechende kleinere Schauspielhaus verlegt. Ihm folgte wieder eine große Oper »Die aegyptische Helena« in einer Bühnengestaltung von Leonhard Fanto. Elisabeth Rethberg, aus Amerika zurückgekehrt, sang die Titelpartie, Maria Rajdl die Aithra, Curt Taucher den Menelaus. Wieder war Strauss vom Wunderklang des Orchesters, jetzt unter Busch, und vom Dresdener Aufführungsstil begeistert. So widmete er seine nächste Oper, die »Arabella«, »seinen Freunden Fritz Busch und Alfred Reucker«. Aber es kam anders als geplant. Wenige Monate vor der Uraufführung hatte die SA mit einem Theaterskandal Fritz Busch den Taktstock entwunden und Alfred Reucker aus der Generalintendanz im wahrsten Sinne des Wortes herausgetragen. Doch Strauss entzog Dresden nicht sein neues Werk. Die »Arabella« ging unter Leitung von Clemens Krauß a. G., Viorica Ursuleac als Arabella und dem Wiener Alfred Jerger als Mandryka glanzvoll über die Bühne. Martha Fuchs und Maria Cebotari, die in den späteren Aufführungen die Arabella sangen, sei ebenso wie Paul Schöfflers Mandryka wenigstens gedacht. Die Bühnenbilder schuf wieder Leonhard Fanto, die Inszenierung lag in den Händen von Josef Gielen.
Die Katastrophe folgte 1935 mit der Uraufführung der Opera buffa »Die schweigsame Frau«. Nach dem Tode von Hugo von Hofmannsthal hatte Strauss sich das Textbuch von seinem jüdischen Freunde Stefan Zweig schreiben lassen. Strauss saß in der Proszeniumsloge. Die Gestapo tobte, »Die schweigsame Frau« wurde nach drei Aufführungen verboten und der Generalintendant entlassen. Friedrich Plaschke sang den Morosus, Mathieu Ahlersmeyer den Barbier, die Aminta war Maria Cebotari, die Isotta Erna Sack, am Pult stand jetzt Karl Böhm. Dresden erlebte eine weitere Uraufführung, die »Daphne«, eine einaktige, bukolische Tragödie, die mit dem bereits in München erstaufgeführten »Friedenstag« 1938 einen Abend füllte. Die Aufführung mit Sven Nielsson als Peneios, Torsten Ralf als Apollo und Margarete Teschemacher in der Titelrolle brachte noch einmal allen Glanz der Strauss-Premieren unter Karl Böhm, dem die »Daphne« gewidmet ist.
Nach dem Tode Schuchs im Mai 1914, dessen letzte künstlerische Tat die Aufführung des in Bayreuth freigewordenen »Parsifal« war, gab es ein Interregnum, das über den Weltkrieg hinaus währte. Schuchs Nachfolge übernahm der junge Fritz Reiner, der sich mit Hermann Kutzschbach und Kurt Striegler in die immer schwieriger werdenden Aufgaben teilte. Am 22. November 1918 vollzog sich die Wandlung des »Königlichen Hoftheaters« über das »Landestheater« 1920 zu den »Staatstheatern«. Mit der Übernahme der Generaldirektion durch Alfred Reucker 1921 und der Berufung von Fritz Busch 1922 begann ein neuer, großartiger Abschnitt in der Geschichte der Dresdener Oper und des Schauspiels. Die selbstbewußten, ihres Werkes sicheren Musiker der Kapelle waren von dem Dirigieren von Fritz Busch so hingerissen, daß sie ihm nach seinem ersten Konzert 1921 sämtliche weiteren Konzerte anboten. Busch begann seine Tätigkeit als Opernleiter in der »unvergleichlichen Kunststätte« mit einer Aufführung des »Fidelio«, in der Eva Plaschke-von der Osten die Leonore sang.
Was die Ära Busch noch auszeichnete, war neben den glanzvollen Klassiker-Aufführungen der Mut zur Interpretation des jüngsten Opernschaffens. Gleich 1922 begann er mit Paul Hindemiths »Mörder, Hoffnung der Frauen«. Es folgten weitere Werke von Hindemith, Kurt Weill, Feruccio Busoni, Igor Strawinski, Othmar Schoeck. Oft befreite Busch sich von den Bühnenbildern des Hauses und gewann die ersten Meister für seine

109 *Premiere des Rosenkavaliers 1911, die Leiter der Aufführung*

110 *Szene aus dem 2. Akt*

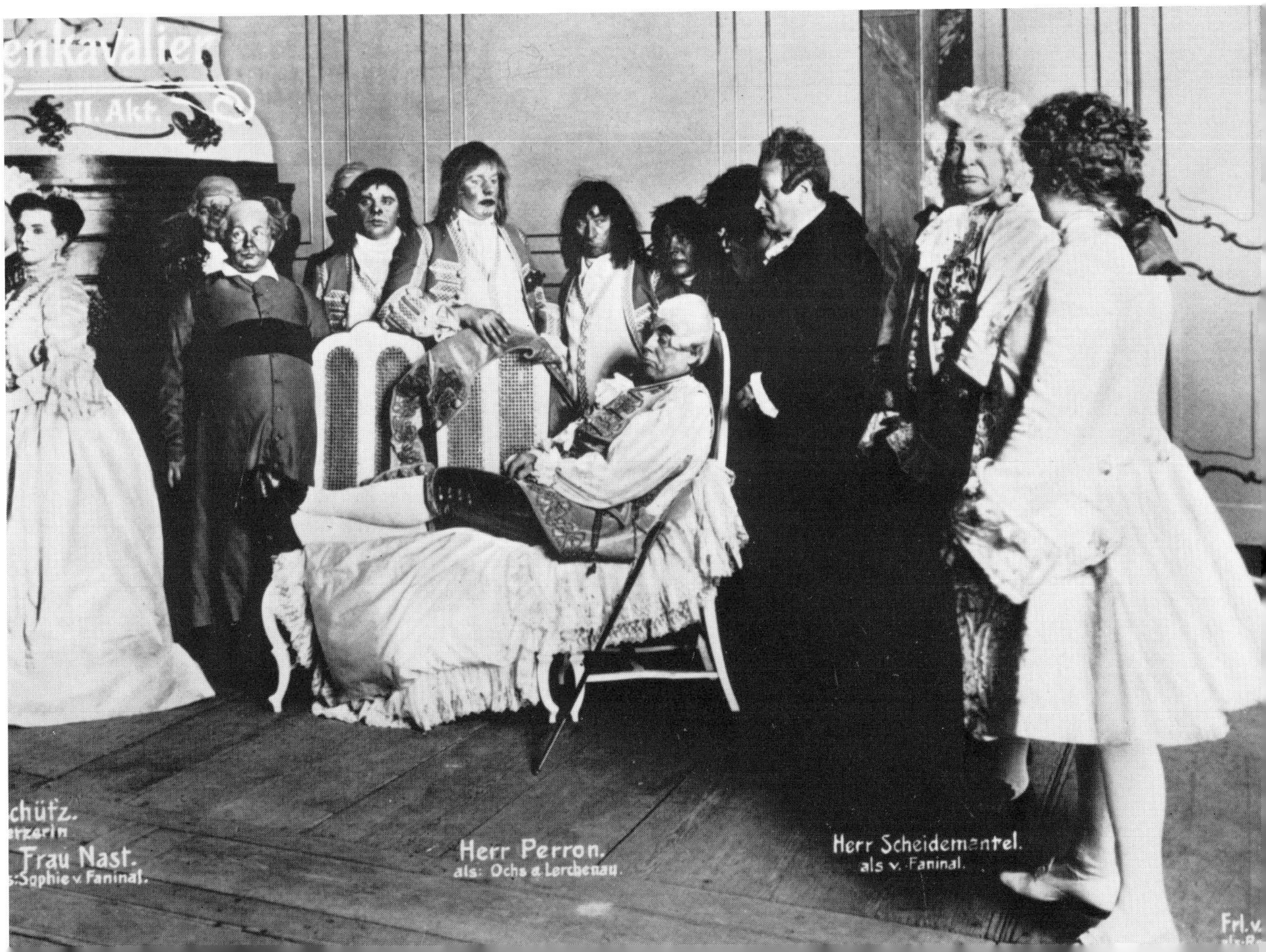

111 *Elisabeth Rethberg als »Arsena« im Zigeunerbaron*
112 *Minnie Nast als »Mimi« in Bohème*
113 *Eva von der Osten als »Rosenkavalier«*
114 *Tino Pattiera als »Herzog« in Rigoletto*
115 *Fritz Vogelstrom als »Cavaradossi« in Tosca*
116 *Ludwig Ermold als »Figaro« in Figaros Hochzeit*

117 *Fritz Busch am Dirigentenpult*

118 *Erna Berger als »Violetta« in La Traviata*

Zwecke. Die Entwürfe Max Slevogts zur »Zauberflöte« erschienen später auch als Radierwerk. Oskar Kokoschka, Hans Poelzig, Emil Preetorius und zuletzt der junge Hein Heckroth wurden für besondere Zwecke herangezogen. Von Dresden aus ging der Siegeszug von Mussorgskis »Boris Godunow« mit Issei Dobrowen als Regisseur über die Opernbühnen der Welt. Nicht weniger erfolgreich wirkte sich die Wiederentdeckung der Spätwerke Verdis aus. »Die Macht des Schicksals«, »Don Carlos«, »Othello« und »Falstaff« wurden zu Ereignissen.

Zu dem alten Stamm traten neue Gesangskräfte wie die jung verstorbene Meta Seinemeyer, Eugenie Burckhardt, Martha Fuchs, Helene Jung, Angela Kolniak, Erna Berger, Elisa Stünzner, Max Hirzel, Curt Taucher. Als Nachwuchs fingen unter Fritz Busch Erna Sack, Maria Cebotari, Hilde Clairfried, Elfride Trötschel, Elsa Wieber, Kurt Böhme, Max Lorenz, Paul Schöffler an, um nur die Berühmtesten zu nennen. Als Regisseure wirkten unter Busch Otto Erhardt, Alexander Schum, Josef Gielen, als Bühnenbildner Leonhard Fanto und Adolf Mahnke, als Chordirektoren wie bisher Karl-Maria Pembaur und Ernst Hintze. Nicht zu vergessen ist die großartige Erscheinung Michael Steinmanns, des Souffleurs. Er wurde als Jude nach 28 Dienstjahren entlassen und begann in Amerika noch einmal.

Des Konzertdirigenten Fritz Busch mag mit nur einer Erinnerung gedacht sein. 1929 holte er den 13jährigen Yehudi Menuhin nach Dresden, wo er das Beethoven-Violinkonzert spielte. Es war der Anfang einer Welt-Karriere. — Um die gesanglichen Leistungen zu steigern, hatte Busch mit dem amerikanischen Gesangspädagogen William Vilonat vereinbart, seine besten Schüler für ein bis zwei Jahre zum Volontieren nach Dresden zu schicken. Darüber hinaus war geplant, dem Haus eine amerikanische Opernschule anzugliedern. Die Wirtschaftskrise von 1929 hat das Vorhaben verhindert, es kam nur zu Dresdener Sommerkursen Vilonats. Diese Vorhaben erregten neben dem Aufmerken der immer mächtiger werdenden NSDAP den Zorn der alternden Mitglieder des Ensembles, die sich nicht in den Ruhestand begeben wollten. Eine Reihe dieser Prominenten unterstützte den Sturz von Fritz Busch, dessen letzte Tat die Wiedergewinnung des Hellerauer Festspielhauses in der Gartenstadt für die Opern Glucks »Julius Cäsar« und die »Alkestis« in der Inszenierung von Alexander Schum war. Noch einmal pilgerte ein aufgeschlossenes Publikum an den Sommerabenden in die nahe Gartenstadt. »Kunst soll aber Vollkommenheit sein, sonst ist es keine Kunst«, schloß Fritz Busch in diesen Tagen einen Brief. Hier war sie erreicht.

119 *Das Schauspielhaus in der Neustadt von B. Schreiber, 1871/73*

Das Albert-*Theater*, freistehend auf dem Bautzner Platz, der seit der Heimkehr des Kronprinzen aus dem 70er Krieg Albert-Platz hieß, war ursprünglich vom Verschönerungsverein der Neustadt begonnen, dann aber von der Kgl. Generaldirektion in Pacht genommen. Die Eröffnung fand 1873 statt. 1895 ging es in königlichen Besitz über. 40 Jahre, bis 1913 das Altstädter Schauspielhaus von Lossow und Kühne auf der Ostra-Allee gegenüber dem Zwinger an Stelle des alten Malsaals vollendet stand, diente das Haus als Hoftheater. Dann kam es unter wechselnde private Regie, auch von Hermine Körner, bis es 1936 die Stadt als Theater des Volkes übernahm.

Schon Anfang der neunziger Jahre gelangten die ersten neuen Dramen mit Werken von Ibsen zur Aufführung. Der Eindruck auf die Dresdener blieb zwiespältig. Unter Graf Nikolaus von Seebach, der 1894 mit 40 Jahren die Generaldirektion übernahm, begann sich das Haus zur fortschrittlichsten deutschen Hofbühne zu entwickeln. Ibsen stand voran, bald folgten Stücke von Björnson, Bernard Shaw und Oskar Wilde; 1897 erschien auch Gerhart Hauptmann. Der Ruhm der Dresdener beruhte vor allem auf dem Ensemble-Spiel. Die Schauspieler haben es schwerer als die Sänger, sie waren an das Haus enger gebunden als die Sänger an der Oper und spielten selten einmal außerhalb Sachsens und des benachbarten Thüringen. Aus der Zahl der Dresdener Lieblinge von der Jahrhundertwende bis in die dreißiger Jahre seien hier genannt: Von den Damen Charlotte Basté, die mondäne Frauen spielte, Clara Salbach, die in mehr als 40 Jahren von der Jugendlichen bis zu den Müttern alle großen Rollen erfüllte, Pauline Ulrich, die Heroine, Maria Fein, Ida Bardou-Müller, Maximiliane Bleibtreu, Stella David, Gertrud Tressnitz, Alice Verden, Antonia Dietrich, Jenny Schaffer und die größte unter den modernen Darstellerinnen: Hermine Körner, die 1915 kontraktbrüchig wurde, aber als Gast regelmäßig wiederkam und die Dresdener im Theater wie am Vortragspult begeisterte. Der Kranz der männlichen Mimen war nicht weniger bedeutend: Paul Wiecke, Adolph Müller, Alexander Wirth, Lothar Mehnert, Hans Fischer, Hans Wahlberg, Walter Iltz, Theodor Becker, Alfred Meyer, Willi Kleinoschegg, Bruno Decarli, Heinz Woester, Adolph Wohlbrück, Paul Hoffmann, Felix Steinböck, Walter Kottenkamp, Luis Rainer und zuletzt genannt und am meisten geliebt Erich Ponto.

Unter Graf Seebach war Karl Zeiß der bedeutendste Dramaturg. Er verließ Dresden 1916, um Generalintendant in Frankfurt a. Main zu werden. — Schon unter Seebach begann im ersten Weltkrieg ein neues Kapitel mit der Pflege jüngster Dramatik. Sie wurde 1933 vor allem zum Stein des Anstoßes. Mitten im Kriege, Anfang 1918, wenn auch nur zu einer Matinée, spielte man Reinhard Goerings »Seeschlacht«, ein Stück, das von den Patrioten als pazifistisch und defaitistisch abgelehnt wurde. Als Nachfolger von Zeiß kam Karl Wolff aus München, Berthold Viertel wurde vorübergehend als Regisseur gewonnen, dessen Nachfolge dann Georg Kiesau und Josef Gielen antraten.

Die revolutionären Ereignisse des Jahres 1918 wirkten

120 *Alice Verden als »Kammerzofe« in Minna von Barnhelm*
121 *Clara Salbach als »Königin« in König Ottokar*
122 *Hermine Körner als »Leonore« in Torquato Tasso*

123 *Paul Wiecke als »Hamlet«*
124 *Erich Ponto als »Schneider Wibbel«*
125 *Hanns Fischer als »Striese« in Raub der Sabinerinnen*

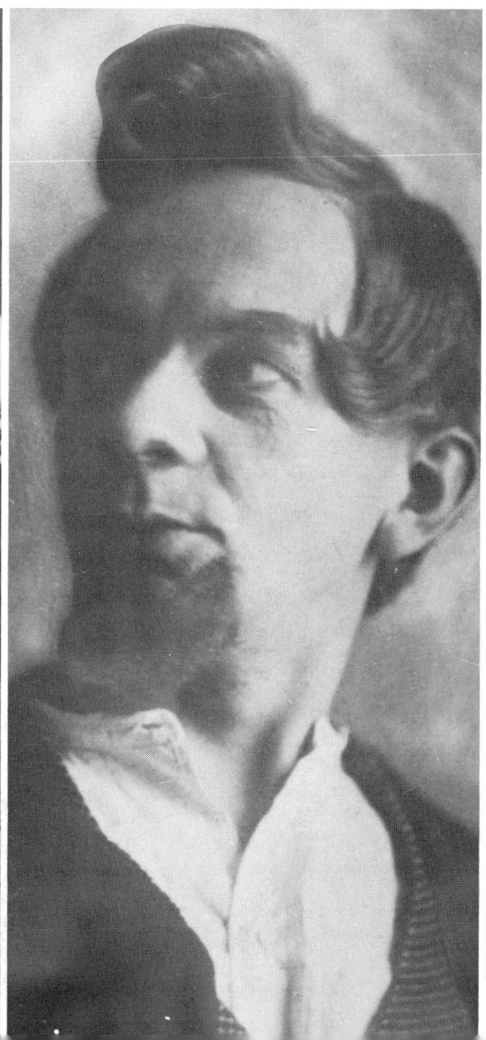

sich auf den Spielplan des Schauspiels naturgemäß stärker aus als die in einen traditionellen Spielplan gebundene Oper. Frank Wedekind, Walter Hasenclever, Georg Kaiser, August Stramm, Carl Sternheim, Ernst Toller, Friedrich Wolf, Franz Werfel erschienen neben dem klassischen Programm im Repertoire. Unter den Stücken des privat gewordenen Albert-Theaters sei die Aufführung von Oskar Kokoschkas »Mörder, Hoffnung der Frauen« und »Hiob« genannt, in der der Maler die Regie führte und der junge Ernst Deutsch die Hauptrolle spielte. Als Operetten-Theater errichteten die Architekten Lossow und Viehweger in einem blühenden Neubarock an Stelle des noblen frühklassizistischen Boxbergschen Palais 1900 das Central-Theater in der Straßenfront der Waisenhaus-Straße. Das beliebte Haus erlebte seine Höhepunkte, wenn Richard Tauber mit Lehárs Operette »Das Land des Lächelns« in die Stadt seiner Triumphe zurückkehrte.

Paul Beckers Thymians-Thalia-Theater auf der Görlitzer Straße bot mit seinen dresdnerisch-sächsischen Typen wie dem Fliegentüten-Heinrich ganz ohne literarische Ehrgeize variable Nummern-Programme, von denen die Zeitungen hochmütig nur im Annoncenteil Kenntnis nahmen. Ähnliche Unterhaltungen konnte man vor dem ersten Weltkrieg im Varieté-Sommer-Theater in Hammers Hotel in der Vorstadt Strießen genießen. Es trug

126 *Das Zentraltheater in der Waisenhausstraße von Lossow und Viehweger 1900*

129 *Die Dresdner Philharmoniker unter Eduard Möricke im Gewerbehaus-Saal, 1926*

den schönen Namen Flora. Als Quartaner hat sich der Verfasser mit seinen Freunden die Nasen plattgedrückt, wenn die Dame mit den Türkisen erschien.
Stand auch die Königliche, seit 1918 die Staatskapelle, die »Wunderharfe« durch Tradition und Ruhm mit ihren Sinfonie-Konzerten voran, sie war doch nur das kostbarste Glied in dem reichen *Musikleben* der Stadt. Neben ihr wirkte in der Nachfolge der Gewerbehauskapelle das 1915 gegründete Dresdener Philharmonische Orchester, später als Dresdener Philharmonie unter ihren eigenen Dirigenten, von denen Edwin Lindner, Eduard Mörike und Gustav Mraczek hervorgehoben seien. Dresdens drittes Orchester, das des Mozart-Vereins, setzte sich aus Dilettanten zusammen und erlebte in den zwanziger Jahren unter Erich Schneider seine Blüte.
Nicht weniger reich entwickelt war das Chorwesen mit der Dresdner Singakademie, dem Römhild-Chor, dem Orpheus, dem Dresdner Arbeitersängerbund und vielen anderen Chorvereinigungen unter teilweise hervorragenden Leitern. Die Kammermusik pflegten vor allem die prominentesten Mitglieder des Opern-Orchesters in zeitlich verschiedenen Zusammensetzungen, wobei die späteren Quartette von Striegler, Petri, Havemann wenigstens genannt seien. Die moderne Musik, die es im traditionsbestimmten Dresden nicht leicht hatte, vermittelten die Pianisten Erich Schulhoff und Paul Aron, als Organisation der Tonkünstlerverein.
Die geistliche Musik zweier Kirchen brachte es zu Weltruhm: die zum Hochamt am Sonntagmorgen in der Katholischen Hofkirche und der Knabenchor der Crucianer in der evangelischen Kreuzkirche. Die Konzerte für die Hofkirche führte Heinrich Schütz bereits 1615 ein, als er an die Spitze der Kurfürstlichen Kapelle trat. Mit dem Religionswechsel August des Starken 1697 erfolgte ihre Teilung. Der protestantische Gottesdienst wurde in die Sophienkirche verlegt und hier die Musik auf einfachen Chorgesang reduziert, während sie in der neuen Katholischen Hofkirche seit 1751 eine glanzvolle Erweiterung erfuhr. Damals erklang zum ersten Male Johann Adolf Hasses für das neue Haus Chiaveris komponierte Tedeum und seine D-Moll-Messe. Die sonntägliche Kirchenmusik gehörte auch zu den dienstlichen Verpflichtungen der Kurfürstlich-Königlichen Kapelle, für ihre Dirigenten, Kapellmitglieder und Solisten, bis 1935 der Reichsstatthalter die fruchtbare Union aus politischen Gründen aufhob. Hier haben Carl Maria von Weber, Richard Wagner wie Ernst von Schuch dirigiert und alle großen Solisten allsonntäglich gesungen. Seit 1915 saß Karl Maria Pembauer an der spätesten Orgel Gottfried Silbermanns, deren Spielwerk als einziges der drei von Silbermann in Dresden geschaffenen gerettet werden konnte, während das Gehäuse ebenfalls verbrannte. Das Orchester spielte auf kostbaren kircheneigenen Instrumenten von Stradivari, Amati, Guarneri und anderen Instrumentenmeistern.
War die Musik in der Hofkirche eine kurfürstlich-königliche Einrichtung, so gehörte der Knabenchor der Kreuzkirche, die »Crucianer« als Kreuzschüler zur evangelischen Stadtkirche. Sie unterstand seit 1539 dem Rat, bis auch diese Rechtsverhältnisse mit der Trennung von Kirche und Staat ihre Auflösung fanden. Der Kreuzchor legt heute noch allsonnabendlich zur Vesper und zu seinen feiertäglichen Oratorien in der Kreuzkirche wie auf seinen Konzertreisen Zeugnis von der traditionellen Dresdener Musikkultur ab. Ihr letzter Kreuzkantor Rudolf Mauersberger leitete als Nachfolger Otto Richters seit 1928 den Chor über vier Jahrzehnte. Die Pflege der Werke von Heinrich Schütz und Johann Sebastian Bach stand im Mittelpunkte seines Wirkens. Nach der Zerstörung der Stadt schrieb Mauersberger das »Dresdener Requiem« nach dem Text der Klagelieder Jeremias: »Was liegt die Stadt so wüst, die voll Volks war . . .«

130 *Christmette in der Kreuzkirche*

131 *K. M. Pembaur an der Silbermann-Orgel in der Katholischen Hofkirche*

Zu den Tradition gewordenen Konzertstätten kam 1927 eine neue, die bald zu den berühmtesten der Stadt zählen sollte. Nach der Restaurierung des Zwingers begannen an warmen Sommertagen die Zwinger-Serenaden auf den Treppenstufen von Pöppelmanns reichstem und von Permosers Figuren umzogenem Wallpavillon. Der Genius des Ortes verlebendigt bis heute vor dieser Kulisse die Aufführungen der Meister des Barock und des Rokoko. Ein anderes musikalisches Ereignis, das zugleich ein pädagogisches war, begann gleich nach dem Kriege in Dresdens modernster Schule, dem König-Georg-Gymnasium. Aus zunächst kleinen Anfängen einer Gruppe heraus entwickelten sich unter Will Grohmann die Kunsterziehungsabende. Allmonatlich konzertierte in der durch Otto Gußmann ausgemalten Aula Hermann Kutzschbach mit einem Teil der Staatskapelle. Nach einführenden Worten zu klassischen wie modernen Werken, auch über Bedeutung der Instrumente, erfolgten die Aufführungen. Hier debütierte Elisabeth Rethberg, Richard Tauber und Waldemar Staegemann waren besonders geschätzte Gäste. Zu den beliebtesten musikalischen Veranstaltungen, wenn auch auf weit bescheidenerer Ebene, gehörten bis 1914 die von den Kapellen der Dresdener Regimenter gegebenen Platzmusiken auf dem Altmarkt. Hier traf sich die Dresdener Jugend der jeweiligen Tanzstundengeneration allsonntäglich vormittags.

Dresden blieb im zwanzigsten Jahrhundert nicht nur eine Stadt der großartigen musikalischen Reproduktionen und Ausbildungsstätten, von denen das Konservatorium und die Orchesterschule der Staatskapelle die größten und bekanntesten waren, es stellte auch bedeutende eigene schöpferische Kräfte. Nur zwei Namen seien genannt, Felix Draeseke, der durch seine Kammermusik wie seine Orchesterwerke die »Dresdener Schule« weiterführte und als seinen prominentesten Schüler Paul Büttner ausbildete. Büttners Bedeutung liegt vor allem in seinen vier Sinfonien, die die neuromantische Schule abschließen. Arthur Nikisch begründete Büttners Ruhm, als er 1915 im Gewandhaus Leipzig seine 3. Sinfonie in Des-Dur aufführte. Als Direktor des Dresdener Konservatoriums und als Musikkritiker der Dresdener Volkszeitung gehörte Büttner zu den markantesten Erscheinungen des Dresdener Musiklebens, als Sozialist wurde er 1933 fristlos aus seiner Wirkungsstätte entlassen. 1943 starb er vereinsamt.

132 Kreuzkantor R. Mauersberger mit seinen Schülern

133 Komponist Paul Büttner

134 Kapellmeister der Staatsoper H. Kutzschbach

Dresden war eine »*Stadt des Tanzes*«. Es begann mit der Berufung von Emile Jacques-Dalcroze aus Genf in die neue Gartenstadt Hellerau durch die Brüder Dohrn. Sie begründeten hier 1912 die »Bildungsanstalt« Hellerau. Heinrich Tessenow und Alexander von Salzmann bauten ihnen das Festspielhaus. Ausgehend von der Idee einer rhythmisch-gymnastischen Erziehung führte der Weg zum neuen pantomimischen, sinnbildlichen, zum absoluten Tanz und zum Tanzdrama im Gegensatz zum Bühnentanz, dem Ballett. Es war eine Rückkehr zu den Urelementen des Tanzes. Höhepunkte erlebte Hellerau im Sommer 1913 mit der Aufführung von Glucks »Orpheus« und der ersten deutschen Aufführung eines Stükkes von Paul Claudel, der »Verkündigung«. Doch mit dem Ausbruch des Krieges stob alles auseinander, wenn Hellerau auch seine Tanzschule behielt, bis sie nach Laxenburg übersiedelte. Nach dem Kriege kam Mary Wigman. Aus der Schule Labans herausgewachsen, ging ihr Streben zum unerfüllt gebliebenen dramatischen Tanztheater. Ihr Ziel als Einzeltänzerin war, dem angeborenen natürlichen Wesen wieder freie und volle Entfaltung zu gewähren. Vom heiteren Tanz der »Zigeunerlieder« reichte ihre Gestaltungsskala bis zu dem tragischen »Schicksalsliede«. Raum, Weite, Leichtigkeit, Schwung, Rhythmus, Gebärde wurden in ihren Tänzen zu unvergeßbaren Erlebnissen. Aus ihrer Schule kam, was später in der deutschen Tanzkunst Rang und Namen gewann. Ihre erste Tanzgruppe, mit der sie ihr auch eminent pädagogisches Streben vortrug, bestand aus der Trümpy, der Skoronel, der Bambula und der Palucca.

Aus ihrer späteren Schülerzahl sei wenigstens noch Harald Kreuzberg genannt. Begleitet wurden ihre Kompositionen, die den ganzen tanzenden Leib umfaßten, meist nur durch wenige Klangakkorde von Schlaginstrumenten. Es ist nicht leicht, die Wigman zeitstilig einzuordnen, doch sind wesentliche Elemente mit dem Expressionismus eng verbunden. — Wenige Jahre später, 1925, eröffnete die Palucca in Dresden ihre eigene Schule und trat mit eigenen Tanzkompositionen auf. Sie zeigte ein wildes Temperament, akrobatische Virtuosität und Freude am Tollen und Grotesken. Ihre Freunde nannten sie treffend »Puck«, wie ihr »Sprung«, der in die Geschichte des Tanzes eingegangen ist, beweist. Die Palucca wirkt mit ihrer Schule noch heute in Dresden. Beide Schulen haben mit ihren Meisterinnen im engen Raume nebeneinander wirkend und freundschaftlich verbunden den deutschen Tanz revolutioniert. Die Palucca hat über sie zu ihrem 70. Geburtstag geschrieben: »Wir sind verschiedene Wege gegangen, wie hätte es auch anders sein können, aber im Ziel einig geblieben, den Tanz aus der Sphäre der privaten Willkür in die der gesetzmäßigen Gestaltung und der menschlichen Erfüllung zu heben.«

135 *Plastisches Gruppenbild aus der Tanzschule E. Jaques-Dalcroze in Hellerau, 1913*

136 *Ballettgruppe des Staatstheaters im Übungssaal um 1930*

137 *Mary Wigman Tanz »Zigeunerlieder«*

138 *Gret Palucca »Sprung«*

Mit den Kunstschätzen waren auch die *Dichter* nach Dresden gekommen, für kürzere oder längere Zeit die Klassiker wie die Romantiker, Goethe und Schiller, Kleist und Novalis, die Schlegel und Tieck. Den siebziger Krieg erlebten hier Henrik Ibsen, dessen »Bund der Jugend« und »Kaiser und Galiläer« in der Stadt entstanden. Zu gleicher Zeit schrieb Fedor Dostojewski an seinem Roman »Die Dämonen«. Er äußerte sich 1870 über den Auszug der sächsischen Truppen: »Man sah, sie wurden nicht getrieben, sie gingen von selbst.« 1885 wohnte der 22jährige Gerhart Hauptmann in Dresden. In der Johanneskirche schloß er die tragisch sich entwikkelnde Ehe mit Marie Tiedemann aus dem Hohen Haus im nahen Zschitzschewig. »Die Jungfern vom Bischofsberg« und die Lebenserinnerungen berichten von Glück und Wirrnis dieser Ehe. Hauptmann blieb ein ständiger Gast in Dresden im Hotel Bellevue, im Sanatorium auf dem Weißen Hirsch, zu Premieren und mit seinem Sekretär Erhart Kästner. In Blasewitz hatte er für seine geschiedene Frau das Rautendelein-Haus erbaut. Am 13. Februar 1945 erlebte er die Tragödie der Stadt von den Loschwitz-Bergen aus.

Die Gäste zu nennen, die um die Jahrhundertwende längere oder kürzere Zeit in Dresden wirkten, würde den Rahmen sprengen. Nur einer sei erwähnt, der Norweger Karl Gjellerup. Die Ansässigen sind heute fast vergessen. Zwei Namen mögen genügen: Karl Söhle, dessen zarte Novellen mit musikalischen Themen ein besseres Schicksal verdienten, und der Romancier Ottomar Enking. Erst der Expressionismus mit seinen vielen Verästelungen und der Vorliebe für die Jugend brachte Wandlungen. Dresden wurde zu einem Mittelpunkt sowohl der bildenden Kunst wie der Literatur. Der Lyriker Wilhelm Lotz fiel bereits 1914 in Frankreich. Oskar Kokoschka, Walter Hasenclever, Carl Sternheim und Friedrich Wolf, deren revolutionäre Stücke meist im Albert-Theater uraufgeführt wurden, lebten in und nach dem Kriege für Jahre in Dresden, bis sie zu neuen Zielen aufbrachen. Nach dem Kriegseintritt Italiens erschien auch Theodor Däubler. Er blieb mit Dresden bis zu seinem Tode eng verbunden, so weit ihn seine Reisen auch führten. Das Auftauchen seiner mächtigen Erscheinung nannte einer der jungen Lyriker ein »plötzliches Waldgebirge auf der Prager Straße«. Die Sinfonie »Die Treppe« zu seinem Hauptwerk »Das Nordlicht« hat die Treppe, die von der Elbe zum Schloß Pillnitz führt, zum Thema. Er wurde nicht müde Dresden zu preisen: »Dresden ist die Stadt des Frühjahrs, keine Stadt im wärmeren Europa, kaum die Königin am Arno, Florenz ausgenommen, begeistert uns durch so holde, farbenreiche Blumenpracht.« Aus der jungen Garde der Lyriker wären wenigstens Alfred Günther, Dietrich der Gotiker, Heinar Schilling und der Begabteste von ihnen, Walter Rheiner zu nennen, der enttäuscht von der Entwicklung sich 1925 das Leben nahm.

Mit dem Ende der Inflation beruhigte sich die Lyrik. Was Gottfried Fischer-Gravelius, Martin Kaubisch und Kurt Benndorf, der Deuter Alfred Momberts, zu sagen hatten, vollzog sich in einer geklärten Sprache. Die jüngste Generation mit Fritz Diettrich kehrte dann nach expressionistischem Beginn zur klassischen Form zurück. Mit frech-grotesken Gedichten in der Nachfolge Jakob von Hoddis und Alfred Lichtensteins begann 1920 Ossip Kalenter noch als Gymnasiast in der Gedichtfolge »Der seriöse Spaziergang«. Diesen Namen wählte er nach der tiefgründigen Betrachtung, daß man um Erfolg zu haben entweder ein Russe oder ein Jude sein müsse, am besten ein russischer Jude. — So war das damals.

Doch spricht man von Dresdener Dichtern, so ist vor allem ein Name zu nennen, der von Erich Kästner. Er ist es, der, von der dresdnerischen Mentalität als Substanz ausgehend, diese Besonderheit so hoch erhoben und sublimiert hat, daß sie als solche gar nicht mehr empfunden wird und zu allgemeiner Gültigkeit gelangte. Liebe zu den kleinen Dingen, oft bis zur Sentimentalität, eine ordentliche Portion aufklärerische Kritik, die sich von nichts imponieren läßt, und eine außerordentliche Tüchtigkeit — er war jederzeit ein Musterschüler — kann man als Ingredienzien auch dem Schaffen von Kästner zu Grunde legen. »Als ich ein kleiner Junge war« ist wohl das klassische Erlebnisbuch des um 1900 geborenen Dresdners. Es spielt vor allem um die Königsbrücker Straße, die vom Albert-Platz der Neustadt nach Norden führt. Es endet mit dem Kriegsausbruch 1914. Der Schreiber lernte Kästner kennen, als sie 1917 gemeinsam mit 200 anderen Einjährigen in das 3. Rekruten-Depot des Königl. Sächs. Fußartillerie Regiments Nr. 19 in das ehemalige Tanzetablissement Tonhalle auf der Glacis-Straße einrückten. Hier fielen die 18jährigen unter den Sergeanten, von dem Kästner später in seinem ersten Gedichtband »Herz auf Taille« sagte: »Damit es alle wissen, Sergeant Waurich hieß das Vieh.« Waurich unterstand dem Oberleutnant Nick, dem Kästner als Oberleutnant Kinn in seiner Erzählung mit einem seiner Opfer ein grausiges Denkmal setzte. In dem Roman »Fabian« schildert Kästner ein späteres Erlebnis mit dem Schicksal eines Klassenkameraden aus dem König-Georg-Gymnasium, mit dem er das Abitur machte. Ein Erinnerungsbuch anderer Art verfaßte der ehemalige Gardegrenadier-Offizier Vieth von Golssenau als Ludwig Renn. Schilderte Kästner das kleinbürgerliche Leben in der geliebten Stadt bis zum ersten Weltkrieg, so zeigte Renn vor allem die Untugenden seiner Kameraden und seiner Klasse unter voller Namensnennung im »Adel im Untergang«.

139 *Gerhart Hauptmann mit Gattin Margarethe und Erhart Kästner im Zwinger* ▷
140 *Theodor Däubler* ▷
141 *Otto Dix, der Lyriker Alfred Günther 1910* ▷
142 *Erich Kästner* ▷

143 *Signet der Zeitschrift »Menschen« von K. Felixmüller 1918*

Zu den verbreitesten *Kulturzeitschriften* der deutschen Sprache zählte vor dem ersten Weltkriege der von Ferdinand Avenarius herausgegebene »Kunstwart«. Keine hat später wieder einen so umfassenden Einfluß auf die Geschmacksbildung und Erziehung der deutschen Bürger ausgeübt. In den dazugehörigen Niederlassungen des »Dürerhauses« bekämpfte man den Kitsch durch den Verkauf von formgerechtem Kunsthandwerk. Doch wie alle Zeitschriften, so hatte auch der »Kunstwart« seine begrenzte Lebenszeit. Die neuen Kunstbewegungen seit dem Impressionismus wußte er nicht mehr einzuordnen. Nach Kriegsende blühten bis zum Ende der Inflation eine ganze Reihe von Kunstzeitschriften auf. Sie erreichten oft nur wenige Ausgaben und gingen spätestens nach einigen Jahren wieder ein. Ihrem Inhalte nach propagierten sie alle mehr oder weniger, was die junge expressionistische Bewegung zu verkünden hatte. Dabei war der gute Wille oft größer als das Können. 1917 bis 1919 erschienen »Menschen«, eine Monatsschrift für neue Kunst, jüngste Literatur, Graphik, Musik, Kritik im Dresdener Verlag. Walter Rheiner schrieb 1919 zu dem Unternehmen: »Dem Materialismus und seinen maskierten oder unmaskierten Variationen setzt sie, durch das von ihm angerichtete mehr als vierjährige Blutbad gestärkt und erhöht, in künstlerischer, politischer und praktischer Tat ihren prinzipiellen Idealismus entgegen, von dessen endlichem Sieg sie überzeugt ist. Dieser Idealismus heißt in Literatur, Malerei, Musik und Kritik Expressionismus.« Dazu gab der Verlag zwei Schriftenreihen heraus, die »Dichtung der Jüngsten« und »Das neueste Gedicht«. Eine weitere Zeitschrift nannte sich »Neue Blätter für Kunst und Dichtung«. Nur der »Zwinger« hielt sich länger, da er mit den Staatstheatern in engerer Fühlung stand und vom Verleger der Programmbücher finanziert wurde. Anfang der dreißiger Jahre riskierte der Verleger Wolfgang Jess noch einmal einige Ausgaben einer kleinen literarischen Zeitschrift »Die Kolonne«. Martin Raschke, Günter Eich, Peter Huchel und Elisabeth Langgässer waren dabei.

Von den Dresdener *Verlegern* haben vor allem zwei zum Buchschaffen Bedeutendes beigetragen, Jakob Hegner und Wolfgang Jess. Hegner war 1912 nach Hellerau gekommen und hatte hier eine Druckerei eröffnet. Mit ihr schuf er einen ganz neuen Buchstil mit alten Schriften und einem neuen Einbandtyp, den der Buchbinder Demeter entwarf. Er druckte Theodor Däubler und Friedrich Schnack und öffnete den Franzosen Francis Jammes, Paul Claudel, Georg Bernanos, die er teilweise selbst übersetzte, den deutschen Buchmarkt. 1933 verließ er die Stadt und ging nach Olten in die Schweiz. Ein Hauptverdienst von Wolfgang Jess lag in der Edition der Werke von Ferdinand Gregonovius. — In Radebeul bei Dresden saß Karl May mit seinem Verlag und seinem Museum in der »Villa Bärenfett«. Darüber hinaus hatte Dresden den traurigen Ruhm, die Verlagsstadt für die meisten Schundhefte zu sein.

Drei große bürgerliche *Tageszeitungen* erschienen in Dresden: das Amtsblatt des Rates, der »Dresdener Anzeiger«, der 1928 auf sein 200-jähriges Jubiläum, bis 1870 als unpolitisches Anzeigen-Organ, zurückblicken konnte, zuletzt mit der illustrierten Beilage Heim und Welt; die 1856 begründeten, zweimal am Tage erscheinenden »Dresdener Nachrichten« und als jüngstes Blatt die »Dresdener Neuesten Nachrichten«. Ihre politische Richtung erfuhr im Laufe der Zeit mancherlei Wandlungen. In den letzten Jahrzehnten waren der »Anzeiger« nationalliberal-volksparteilich, die »Nachrichten« konservativ-deutschnational und die »Neuesten« liberaldemokratisch. In dem kritischen Wochenblatt »Dresdener Rundschau« wurde die ständige Figur des Kommissionsrates Pippich einmal von einem Fremden befragt: »Welches ist die beste Dresdener Zeitung?« Pippich antwortete: »Die beste Zeitung? Hier in Dresden gibt es nicht eine gute, geschweige denn eine beste Zeitung.« Der Anzeiger hatte vor dem ersten Weltkriege unter Paul Schumann ein hervorragendes, dem Zeitgeschehen offenes Feuilleton. Nach dem Kriege wurde das anders. Die Dresdener sagten, das Feuilleton macht Kummer (Robert Kummer) und die Politik macht nicht Fröhlich (der Chefredakteur, sondern der Oberbürgermeister Blüher). Die »Nachrichten«, die »alte Tante« der Dresdener, lebte für böse Zungen von dem montäglich ganzseitig erscheinenden Briefkasten mit Heiratssehnsuchtsecke des Onkel Schnörke, der auch die Anfragen meist selbst dichtete. Für das ganze Land erschien die kleine katholische »Sächsische Volkszeitung«. Die Tageszeitung der Sozialdemokratischen Partei, die »Dresdener Volkszeitung«, besaß ein ausgezeichnetes Feuilleton. Hierzu kam nach 1920 unter anderem die kommunistische »Sächsische Arbeiter-Zeitung« für ganz Ostsachsen. Zwei kleine Skandalblättchen, die einen eigenen Sitzredakteur bezahlten, erschienen wöchentlich unter dem Strich.

Dresdener Rundschau

Wochenschrift für Kritik und Humor auf allen Gebieten des öffentlichen Lebens.

Abonnements-Preis:

Bei freier Zustellung 1 Mk. 35 Pfg.. monatlich 50 Pfg. Einzelnummern 15 Pfg.

Redaktion und Expedition: Zwickauerstraße 24. Telephon: 3898.

Zu beziehen durch die Reichspostanstalten sowie durch alle Buchhandlungen. — Bestellungen müssen bei der zuständigen Postanstalt vor Ablauf eines jeden Quartals erfolgen. | Anzeigen, die 4-gespaltene Zeile 25 Pfg., finden in allen Kreisen Dresdens und Sachsens weiteste Verbreitung. — Annoncen-Annahme durch alle Annoncen-Bureaus sowie durch die Expedition.

Nr. 35. Sonnabend den 30. August 1913. 22. Jahrgang.

Unabhängige Volkszeitung

Organ der Unabhängigen Sozialdemokratischen Partei Deutschlands für Ostsachsen

Nr. 63 Mittwoch den 17. März 1920

Ein entsetzliches Blutbad in Dresden

Ueber 200 Opfer, darunter 59 Tote

Bekanntmachung

Die Zahl der Opfer

Morgen-Ausgabe

Dresdner Anzeiger

Eigentum der Dr. Güntzschen Stiftung zu Dresden

Amtsblatt der Amtshauptmannschaften Pirna, Dresden-Neustadt und Meißen als Elbstromämter, des Landgerichtes, des Amtsgerichtes, der Hauptzollämter I und II, der Polizeidirektion und des Rates zu Dresden, sowie der Gemeindebehörde zu Blasewitz

Haupt-Geschäftsstelle: Breite Straße Nr. 7–9 Fernsprecher Nr.: 25 291, nachts 15 041, 15 042

Nr. 249 Sonntag den 29. Juni 1919 189. Jahrgang

Der Frieden unterzeichnet

wtb Versailles, 28. Juni. Der Friedensvertrag ist, wie vorgesehen, nachmittags um 3 Uhr im Schloß unterzeichnet worden.

Der Unterzeichnungsakt

Notenwechsel

Selbstentstellung Bethmann Hollwegs

Die Frage der Ratifizierung

Pressestimmen

Am Ende des Jahrhunderts stagnierten die bildenden Künste. In der *Malerei* pflegte man das Erbe der Nazarener und Ludwig Richters. Mit der Berufung von Gotthardt Kuehl, als »Kuehl de Paris« verspottet, an die vertrocknete Akademie, änderte sich die Situation in wenigen Jahren. Kuehl brachte nicht nur den Impressionismus und die Freilichtmalerei in der Goppelner Schule nach Dresden, er gründete auch mit Karl Bantzer die Dresdener Sezession und veranstaltete in dem anderthalb Jahrzehnt bis zum Kriege die deutschen und internationalen Kunstausstellungen, die Dresden wieder in die Reihe der bedeutenden Stätten moderner Kunst rückten. Auf der Akademie wurde er zum Begründer einer ganzen Gruppe, die sich später als »Elbier« unter Ferdinand Dorsch selbständig machte. Der beachtenswerteste mit der Akademie verbundene Maler der folgenden Generation war der Impressionist Robert Sterl. Seine Dirigenten-Bildnisse wie seine Gestaltungen von Arbeitsvorgängen machten ihn zu einer einzigartigen Erscheinung in der zeitgenössischen Kunst. Dagegen war Otto Gußmann der Vertreter einer dekorativen modernen Kunst. Ihm fielen die großen Aufgaben zur Gestaltung des Treppenhauses im Neuen Rathause, der Innenausstattung des Italienischen Dörfchens und der Aula des König-Georg-Gymnasiums zu.

Als Lehrer von Max Pechstein gewann Gußmann auch Einfluß auf die Anfänge der »Brücke«. In ihr hatte sich 1905 eine Gruppe von Architekturstudenten der Technischen Hochschule zusammengeschlossen, die in der Vorstadt Löbtau gemeinsam nach neuen künstlerischen Zielen strebten. Die »Brücke« in Dresden und der »Blaue Reiter« in München revolutionierten die deutsche Kunst und schufen den Stil, der als Expressionismus das nächste Vierteljahrhundert beherrschte. Die »Brücke« verließ 1910 Dresden und löste sich 1913 in Berlin auf. Sie hat später den Ruhm Dresdens als schöpferische Kunststadt noch einmal in die Welt getragen. Ernst Ludwig Kirchner, Erich Heckel und Karl Schmidt-Rottluff waren die Architekturstudenten, zu denen sich der Gußmannschüler Max Pechstein gesellte. In ihrem Programm schrieben sie 1906: »Mit dem Glauben an Entwicklung, an eine neue Generation der Schaffenden wie der Genießenden rufen wir alle Jugend zusammen, und als Jugend, die die Zukunft trägt, wollen wir uns Arm- und Lebensfreiheit verschaffen gegenüber den wohlangesehenen älteren Kräften.«

Für die Kunstakademie kam 1918 die Erneuerung mit der Berufung der faszinierenden Persönlichkeit von Oskar Kokoschka. Er hatte auf dem Weißen Hirsch Genesung von seiner Kriegsverwundung gesucht und war bald Mittelpunkt des Dresdener künstlerischen Lebens geworden. Damals wurde sein Drama »Mörder, Hoffnung der Frauen« im Albert-Theater aufgeführt, dem 1922 in der Staatsoper unter Fritz Busch die gleichnamige Oper von Hindemith folgte. Nach der Inflation verließ er 1924 Lehramt und Stadt. Die Dresdener Jahre erwiesen sich rückblickend mit den Wienern als die fruchtbarsten und erfolgreichsten seines gesamten Wirkens. Neben ihm wirkten der Österreicher Ferdinand Dorsch und der Bayer Max Feldbauer. Unter den bildenden Künstlern, deren revolutionäre Thematik nach dem ersten Weltkrieg die Bürger schreckte, wurde Otto Dix als Maler bald der bekannteste. Schon 1920 hatte er sich vom Expressionismus abgewendet und zu einer exakten realistischen Formgebung gefunden. 1922 siedelte er zunächst nach Düsseldorf zur Mutter Ey und dem »Jungen Rheinland« über. 1926 zur Internationalen Kunstausstellung, dem letzten überragenden Ereignis der Bildenden Kunst in Dresden, erregte er durch seine meisterlichen Porträts erneut Aufsehen. So kehrte er im folgenden Jahre an die Akademie, an der er vor fünf Jahren Schüler gewesen war, als Nachfolger seines Lehrers Otto Gußmann zurück. 1933 nahmen ihm die Nationalsozialisten das Amt, weil seine Werke das »sittliche Gefühl des deutschen Volkes aufs schwerste verletzten und den Wehrwillen des deutschen Volkes beeinträchtigen«. In den folgenden Jahren dominierte Dix in allen Ausstellungen »Entartete Kunst«, 260 seiner Werke wurden aus den Museen beschlagnahmt und später verkauft oder vernichtet. Sein Schicksal teilten viele der Dresdener Maler und Bildhauer.

Von den Verbänden vor dem ersten Weltkrieg galt die Künstlervereinigung als die bedeutendste. Sie vereinigte die Prominenten dieser Zeit. Ihre Ausstellungen fanden seit 1912 in dem reizvollen Neubau an der Lennéstraße statt. Nach dem Kriege gründete die Junge Garde mit Otto Dix, Lasar Segall, Otto Griebel, Eugen Hoffmann und anderen unter Will Grohmann die »Dresdner Sezession 1919«, die in dem Direktor des Stadtmuseums Paul Ferdinand Schmidt einen in Wort und Tat aktiven Protektor fand. 1932 wurde die dritte Dresdener Sezession durch die unzufriedene nachrückende Generation unter Bernhard Kretzschmar aus der Taufe gehoben. 1933 kam das Ende. Was an Gruppen nicht unter das Verbot fiel, löste sich von selber auf und ging in den Untergrund.

Unterstützt wurden dieses Kunstströmungen durch zwei Kunsthandlungen, die Galerie Arnold auf der Schloßstraße und Emil Richter auf der Prager Straße, die von van Gogh bis zum »Sturm« und den Futuristen alles zeigten, was die Zeit in Aufregung versetzte. Zu vielen ihrer Ausstellungen kamen die Besucher wie zu Opernpremieren nach Dresden. Nach dem Kriege machten sich dann die Neue Kunst Fides, von den großen Sammlern wie Ida Bienert unterstützt, und die Galerie Kühl, die noch heute besteht, um die avantgardistische Kunst von Klee bis zu den Konstruktivisten verdient. Für den modernen Teil der Dresdener Gemäldegalerie erwarb jetzt der gleiche Sammlerkreis im Patronatsverein die umkämpften Werke der Gegenwart. Nicht unvergessen neben dem avantgardistischen Streben bleibt die Arbeit des konservativ eingestellten, bereits 1828 unter dem

147 *F. Dorsch, Maler Gotthardt Kuchl 1905*

148 *Selbstbildnis des Malers Robert Sterl um 1925*

Protektorate Goethes gegründeten Sächsischen Kunstvereins, das Rückgrat vieler Dresdener Künstler, die in den Räumen auf der Brühlschen Terrasse immer Möglichkeiten der Ausstellung und des Verkaufs fanden. Sein letzter Leiter war Christian Voß, ein Vetter von Erich Ponto und eine stadtbekannte Erscheinung. – Nach 1933 verließen zwei der Begabtesten der jüngsten Generation, Wols (Wolfgang Schulze) und Hans Hartung, die Stadt und gingen nach Paris, wo sie viele Jahre später zu den führenden Meistern der Ecole de Paris gehörten.

Unter den Bildhauern hielten sich die konservativen Kräfte länger. Auch der Akademieschüler Ernst Barlach gehörte damals zu ihnen. Dem Schöpfer des Niederwalddenkmales Johann Schilling waren wohl realistische Kräfte gefolgt, sie lösten jetzt die großen öffentlichen Aufgaben von Brunnen und Denkmalen im weiten Umkreis der Stadt, doch stießen sie noch nicht zu neuen künstlerischen Zielen vor. 1907 übernahm Georg Wrba die Nachfolge Schillings. Er war ein leichter, unbedenklicher Arbeiter, dessen dekorativen, schmückenden Werken die Gunst des Publikums bis heute gehört. So schuf er die beiden populärsten Bildwerke der Stadt, die »Aphrodite« am ehemaligen Bismarck-Platz und den »Eselsreiter« am Eingang zum Ratskeller. Ein drittes Hauptwerk »Europa auf dem Stier« am Königsheimplatz, zur Eingemeindung der Vorstadt Blasewitz 1921 gestiftet, im Volksmund daher »Dresden raubt Blasewitz« genannt, wurde während des zweiten Weltkrieges eingeschmolzen, ein Schicksal, das es mit dem Denkmal Ludwig Richters und vielen anderen teilte. In diesem Zusammenhang muß auch der Rathausmann mit Mauerkrone von Richard Guhr genannt werden. Er überragt, fast 6 m hoch, seit 1910 den Turm des Neuen Rathauses und damit die Stadt.

Der Durchbruch zu neuer Gestaltung verwirklichte sich erst mit der Berufung von Carl Albiker an die Akademie. Nach dem ersten Weltkriege mangelte es völlig an größeren Aufträgen; so haben Albiker und die Generation seiner Schüler in Dresden dem Umfange nach nur bescheidene Spuren ihres Wirkens hinterlassen. Mit Albiker setzte sich eine im Aufbau strenge, die Form verfestigende Auffassung der Plastik durch. Sein Dresdener Hauptwerk, die »Hygieia« 1929 für das Hygiene-Museum geschaffen, zerstörten die Bomben. Doch beherrschte seine Schule mit ihren Prinzipien noch lange das bildhauerische Schaffen in der Stadt.

149 O. Kokoschka, *Blick auf die Neustadt 1922*
150 M. Pechstein, *Plakat der Brücke mit Bildnissen K. Schmidt-Rottluff, E. Heckel, G. L. Kirchner, M. Pechstein 1910*
151 *Die Dresdner Sezession, Katalog ihrer letzten Ausstellung 1933, Zeichnung von B. Kretzschmar*

152 *Otto Dix mit Bildnis Tamara 1932*

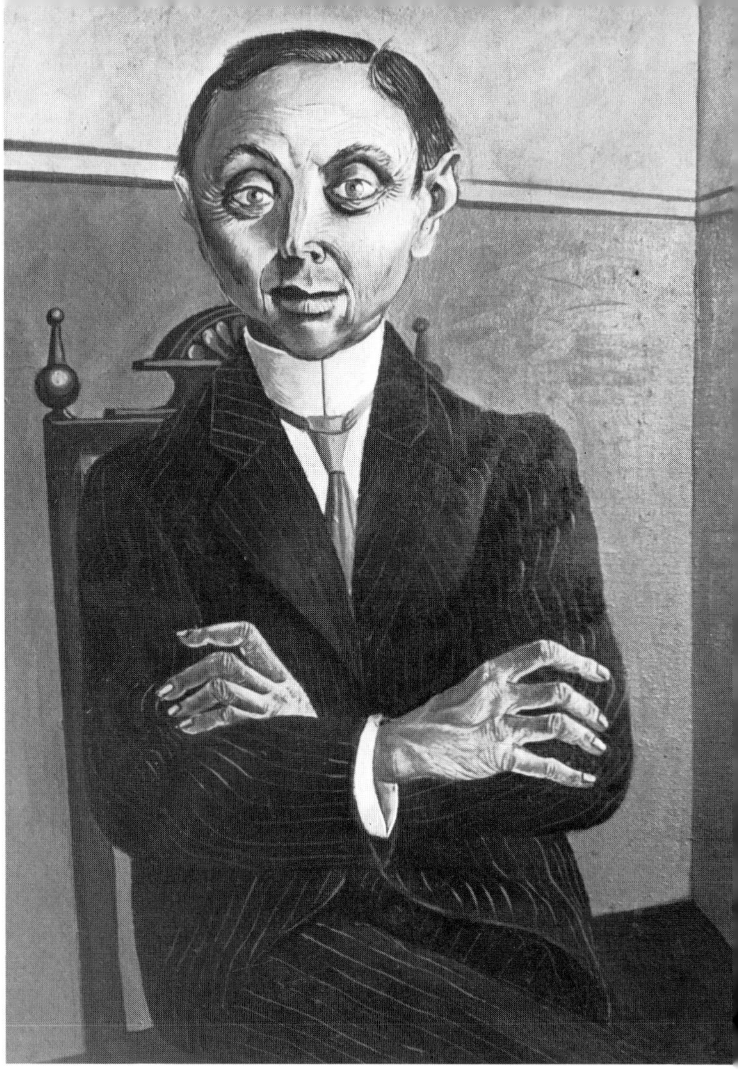

153 *Otto Dix, Bildnis des Museumsdirektors P. F. Schmidt 1921*

154 *Bildhauer Carl Albiker*

155 *R. Guhr, Der Mann auf dem Rathaus mit Mauerkrone, H. 5, 35 m, Bronze vergoldet 1910*

Die Zeit nach der Jahrhundertwende wurde bei wachsendem Wohlstand zu einer Zeit reichen architektonischen Geschehens. Nach Überwindung der historischen Stile war der Weg frei zu neuen Gestaltungsprinzipien. Die Entwicklung, die der Kirchenbau seit Beginn des 20. Jahrhunderts nahm, charakterisiert die Wendung besonders deutlich. Nach dem Brande der Kreuzkirche statteten die Architekten Schilling und Gräbner das Innere noch einmal in neubarocken Formen aus. In ihrem spätesten Bau, der evangelischen Zionskirche von 1912 in der Südvorstadt, verzichteten die gleichen Architekten auf alle historischen Reminiszenzen und folgten den neuen liturgischen Forderungen mit einem Bau, dem sie im Inneren eine amphitheatralische Gestaltung der Sitzplätze vor dem Altar gaben, so daß die Gemeinde an dem Geschehen intensiver Anteil nehmen konnte. Die eigentlichen großen Bauaufgaben in der rasch wachsenden Stadt gehörten nach 1900 den Verwaltungsbauten und den Schulen. Die Stadt, der sächsische Staat, die Kunstakademie und die Technische Hochschule stellten mit wenigen Ausnahmen die Architekten der öffentlichen Gebäude.

Als erster Neubau, der die Dresdner durch seine Lage bewegte, entstand seit 1900 neben der Brühlschen Terrasse als Abschluß des Schloßplatzes und an Stelle der abgebrochenen beiden Palais Fürstenberg und Brühl der Landtag. Für ihn berief man Paul Wallot aus Berlin, den Erbauer des Reichstages. Er übernahm gleichzeitig die Professur an der Kunstakademie, die einmal Gottfried Semper innehatte. Der Entwurf des wichtigsten städtischen Baues, des lange geplanten Neuen Rathauses, fiel nach wiederholten Wettbewerben an Karl Roth. Eduard Bräter war es dann, der ihn in fast fünf Jahren ausführte. Blieb der Landtag wenigstens in seiner äußeren Gestalt bis auf die Dächer unversehrt, so ist beim Rathaus vor allem der Verlust der beiden akzentsetzenden Dachreiter zu beklagen; doch auch die Fassaden erfuhren bei der Wiederherstellung mancherlei mindernde Veränderungen. Ein glückliches Geschick verschonte die Innenausstattung des kleinen Ratsherrentrinkstübchens mit seiner Bemalung durch Paul Rößler.

Ein wesentliches Ereignis war 1905 die Berufung von Hans Erlwein als Stadtbaurat. Ihn und seinen Mitarbeitern fielen für das folgende Jahrzehnt fast sämtliche städtischen Aufgaben zu. Dabei gelang es ihm durch die eigenen umfassenden Werke und seinen amtlichen Einfluß auf das Baugeschehen, wesentlichen Teilen der Stadt ein neues Gesicht zu verleihen. Er erfaßte das Dresdener barocke Lokalkolorit und verschmolz es souverän mit den neuen Bauaufgaben. Er überwand das triste Grau der Fassaden des 19. Jahrhunderts durch farbige Anstriche, womit die Stadt wieder ein heiteres Gesicht erhielt. In der freien »Zunft« vereinigte er einen Kreis hervorragender Künstler, die er zur Ausgestaltung seiner Bauten heranzog. Der erste und der letzte seiner Schulbauten haben es zu hohem Ansehen gebracht, das König-Georg-Gymnasium 1906/7 am Birkenwald der Johannstadt und die erste und einzige Mädchenstudienanstalt in der Neustadt 1914/15. Sein umfassendstes Werk entstand seit 1910 in der Friedrichstadt, der Schlachthof, ein kleiner Stadtorganismus mit über 40 Bauten. Der Abschluß des Theaterplatzes nach der Elbe durch die Gaststätte Italienisches Dörfchen bewegte nach 1911 die gesamte Dresdener Bauwelt. Die Frage, ob es nicht städtebaulich die großartigere Lösung gewesen wäre, die vierte Seite des Platzes gleich der Piazzetta in Venedig offen zu lassen, ist nach der Errichtung des niedrig gehaltenen, langgestreckten, nicht unnoblen Baues Erlweins heute müßig. Sehr schmerzlich ist, daß die Ausstattung 1945 völlig zerstört wurde; sie war das Vollendetste, was in Dresden in künstlerischer Gemeinschaftsarbeit vor dem ersten Weltkriege entstanden ist. Erlwein war auch ein Meister von Kleinbauten. Eine der reizvollsten war der kleine tempelartige Pavillon, den er zum Schutze des Artesischen Brunnens am Albertplatz errichtete, von ihm blieb nur das Becken. Vom zentralen Aussichtsturm auf dem Wolfshügel am Rande der Dresdener Heide genoß man das umfassendste Panorama über die Stadt und weiter von der Sächsischen Schweiz, dem vorderen Erzgebirge bis zu den Domtürmen von Meißen.

156 *H. Tessenow, Die Tanzschule Hellerau, 1910* ▷
157 *H. Erlwein, König-Georg-Gymnasium, 1906/07* ▷

Während des Baues des kleinen Ausstellungsgebäudes für die Dresdener Künstler an der Lenné-Straße verunglückte Erlwein tödlich in Frankreich. Mit ihm fand die letzte bedeutende Bauepoche mit einheitlicher stilistischer Aussage in Dresden ihren Abschluß. Was nach dem Kriege folgte, gehorchte neuen Gesetzen.

Dresden blieb auch in diesen Jahrzehnten im Stadtkern eine geschlossene Stadt; kein überdimensionierter Bau tastete seinen Charakter an. Wo ein Neubau erfolgte, fügte er sich in das Platz- und Straßenbild ein. Das traf sowohl auf Erlweins Neubau der Löwenapotheke Altmarkt Ecke Wilsdruffer Straße wie auf das Henckell-Haus Altmarkt Ecke See-Straße zu. Den drängenden Verkehr suchte man durch Laubengänge zu bewältigen. Das gleiche Gesetz bestimmte auch den Maßstab für die sich damals entwickelnden Kaufhäuser. Eines der ältesten und bekanntesten, das Kaufhaus Renner am Altmarkt, begnügte sich mit der Verbindung von drei teils mittelalterlichen teils barocken Bauten. Es war nicht ohne Reiz, über dem Ganzen die aufsteigenden Giebel zu sehen, die das Dresdener Stadtbild durch die Jahrhunderte charakterisierten. Cornelius Gurlitt hat den Grund zu dieser Haltung einmal formuliert: »Dresdens ganze Anlage ist nicht auf Großstädtigkeit gerichtet«.

Dresden — König Georg-Gymnasium

Das erste moderne Kaufhaus, das Residenzkaufhaus, baute erst 1912 der Leipziger Hentschel am Eingang zur Prager Straße als einen Glas-Betonbau, der aber ein abgewalmtes Dach mit Dachgeschoß und zwischen den Pfeilern zur Auflockerung im Obergeschoß Erker mit reichem plastischem Schmuck erhielt. Ebenso hat das später errichtete Kaufhaus Alsberg Altmarkt Ecke Schloßgasse die Firsthöhe beibehalten, der früheste noch mittelalterliche Erker schloß weiter die Straße ab. So wurde nicht nur versucht, das klassische Stadtbild in seinen Grundzügen zu erhalten, es wurden auch viele Sünden aus der Zeit der Gründerjahre wieder ungeschehen gemacht.

Längst waren die Bauten der Technischen Hochschule zu eng geworden. So zog man jetzt vor die Stadt auf das Gelände vor den Räcknitzhöhen. Aus der Reihe der Architekten dieses neuen Viertels ist vor allem Martin Dülfer hervorzuheben.

Ein Bau überragt das Geschehen dieser Zeit und gehört als Markstein in die europäische Architekturgeschichte. Es ist die Tanzschule Hellerau mit ihrer Umgebung, von Heinrich Tressenow 1910—12 errichtet. Tressenow erfüllte hier Forderungen, die erst nach dem ersten Weltkrieg Allgemeingut eines neuen Bauens wurden: Klarheit der Disposition, Sachlichkeit und Schlichtheit in der Ausführung bei nobelsten Verhältnissen. Der Krieg, die Inflation und später die Kleinlichkeit der Stadtväter hinderten ihn an der Ausführung weiterer großer Projekte.

158 *K. Groß, Tafelaufsatz »Tulpenbaum«, Ausführung Ehrenlechner für den Rat der Stadt 1906*

159 *Ratsherrenstübchen im Ratskeller des Neuen Rathauses*

Nicht anders erging es Hans Pölzig, der Erlweins Nachfolge als Stadtbaurat übernommen hatte. Er verließ Dresden noch während der Inflationszeit und hinterließ nur großartige Pläne.

Was nach 1924 entstand, überragte außer dem Hygiene-Museum von Wilhelm Kreis kaum den Durchschnitt. Hirschmanns öffentlicher Arbeitsnachweis in der Materni-Straße von 1926, der seit der Wirtschaftskrise heute noch vielen Dresdenern in schrecklicher Erinnerung ist (die Arbeitslosenzahl im Herbst 1932 betrug über 83 000) mag als Beispiel dienen. Der neue Stadtbaurat Wolf schuf am Stübel-Platz im gleichen Jahr das Planetarium. Die vorbildliche Siedlung in der Vorstadt Trachau von Hans Richter, ein gemeinnütziger Wohnungsbau, blieb glücklicherweise erhalten. Zuletzt verdienen die sämtlich zerstörten Kinobauten der Innenstadt noch eines Gedenkens, vor allem der eleganteste von ihnen, das »Capitol« auf der Prager Straße von Martin Pietzsch, der durch sein skurriles Künstlerhaus am Hang der Loschwitzberge allen Dresdenern bekannt ist. — Die interessantesten Bauten blieben den allweiligen Jahresschauen im Ausstellungsgelände der Lenné-Straße vorbehalten. Hier war der Phantasie der Architekten freier Spielraum gegeben.

160 *Residenz-Kaufhaus am Eingang zur Prager Straße, Hentschel 1912*

161 *H. Erlwein, Einfassung des Artesischen Brunnens am Albertplatz 1912*

162 *H. Erlwein (1827–1914)*

163 *Raffael, Sixtinische Madonna im Sonderraum der Gemälde-Galerie*

Die *Kunstsammlungen* Dresdens gehören zu den berühmtesten der Welt. Wurden auch ihre meisten Gebäude 1945 zerstört oder doch schwer beschädigt, so konnten die Kunstschätze selbst in ihren wesentlichsten Teilen gerettet werden. Die sowjetische Militäradministration hat sich hier große Verdienste erworben.
Die Silber- wie die Rüstkammer sind seit Ende des 15. Jahrhundert aktenkundig. Doch erst Kurfürst August wurde der eigentliche Begründer der Dresdener Sammlungen. Er legte 1560 im eben erbauten Westflügel des Schlosses die Kunstkammer mit der »Geheimen Verwahrung« für die Kostbarkeiten an. Iccander schrieb Anfang des 18. Jahrhunderts in seiner Chronik mit dem barocken Titel »Das fast auf dem höchsten Gipfel seiner Vollkommenheit und Glückseligkeit prangende königliche Dresden« in der Sprache der Zeit: »Sonsten aber und hiernechst machet bey Einheimischen und Fremden die Churfürstliche Sächsische Residentz. Dresden noch mehreres beruffen, was die in selbiger befindlichen Raritäten und andere Stattlichen Sachen belanget, darunter anfänglich zu rechnen die fürtreffliche und in gantz Europa beschriebene fast für die aller wichtigste geschätzte Kunst-Cammer.«
Seit dem großen Schloßbrande von 1701 ließ August der Starke die einzelnen Objekte herauslösen und in modernem Sinne museal ordnen. Als erstes vereinigte der »Schilderey-Inspektor« Fehling 614 Gemälde im Schloß. 1722 wurden sie in besonders vorgerichtete Räume ins Stallgebäude am Jüdenhof überführt. Das war die Geburtsstunde der Dresdener Gemälde-Galerie. Bis 1742 wuchs sie auf 1938 Stück an. Im Stallhof blieb sie, bis 1857 das neue Galerie-Gebäude Sempers, das den Zwinger nach Norden abschließt, vollendet stand. Hier sah sie auch Goethe bei seinen Besuchen seit 1768 in Dresden.
Das berühmteste Gemälde ist seit seiner Erwerbung durch August III. bis zum heutigen Tage die Sixtinische Madonna geblieben, die einst den Hochaltar von San Sisto in Piacenza zierte. In der Semper Galerie war ihr ein eigener Raum beschieden, zu dem die Besucher andächtig wallfahrteten. Raum und Rahmen sind zerstört. Heute hängt die Sixtina vereint mit den anderen italienischen Gemälden der Epoche in einem der großen Säle.
Als die Galerie ausgezogen war, erhielt 1876 der zum Johanneum verwandelte Raum einen neuen Inhalt, das »Historische Museum«. Hier fand Aufnahme, was die Rüstkammer, die Harnischkammer, die Marstallkammer und die Jagdkammer an Kostbarkeiten aufzuweisen hatten. Auch Teile der Kunstkammer und Gemälde gehörten hierzu, ebenso Gewänder, Fahnen, Kostüme für die Turniere, Feste, Karussells, Roßballette, Umzüge und Mummenschanzereien. Der Bestand der Rüst- und Harnischkammer hat niemals kriegerischen Zwecken gedient, dazu waren die von den berühmtesten Meistern gefertigten Rüstungen und Waffen viel zu kostbar. Sie lieferten als ein unerschöpfliches Reservoir das Material für die Repräsentation und das festliche Treiben des kurfürstlichen Hofes, sie sind also nicht museal, sondern aus dem Bedürfnis des Jahrhunderts gewachsen. Das Untergeschoß, der ehemalige Stall, diente jetzt zur Aufnahme der historischen Wagenburg, in den Obergeschossen fanden die Museums-Gegenstände ihre Aufstellung. Vom Stallhof zum Georgenbau der Residenz führte der »Lange Gang« mit der Ausstattung H. Gödings und einer kostbaren Zapfendecke von 1589. Er war ursprünglich als Ahnengalerie des Hauses Wettin angelegt. Doch schon August der Starke ließ hier die Gewehrgalerie in den Bögen zwischen den lebensgroßen Bildnissen der sächsischen Kurfürsten einfügen.
August des Starken großartige Baupläne für seine Museumsschätze, die Pöppelmann in Zusammenhang mit einem neuen Schlosse schuf, wurden nie verwirklicht. Als der Zwinger als Orangerie keine Verwendung mehr fand, richtete man 1728 seine Pavillons als Museen ein. Im Laufe der vergangenen zweieinhalb Jahrhunderte wechselten sie wohl ihren Standort, der Zwinger selbst ist aber bis heute ein Tresor für die Museen geblieben, auch nachdem 1945 sämtliche Bauten bis auf die Grundmauern ausbrannten. Nur der Mathematisch-Physikalische Salon im westlichen Pavillon ist noch unter August eingerichtet. Seine Deckengemälde mit der Geschichte Amors und Psyches und dem olympischen Götterhim-

mel von L. Silvestre nebst den kostbaren goldgefaßten Stukkaturen gingen wie die im gegenüberliegenden, zur Gemälde-Galerie gehörenden Französischen Pavillon, dem Marmorsaal, mit der Apotheose August des Starken und seiner Gemahlin Eberhardine des Dresdener Ch. Fehling an der Decke zugrunde.

Zwei Anliegen waren es, denen sich August mit besonderer Liebe widmete, seinem Porzellanschloß, dem Japanischen Palais in der Neustadt, das er mit Tausenden von Stücken ausstatten ließ, und dem »Grünen Gewölbe«. Die Ausstattung des Porzellanschlosses stand bei seinem Tode unvollendet. Seine Nachfolger hatten kein Interesse daran und ließen die Porzellane für ein Jahrhundert in den Keller schaffen. Von Augusts Vorstellung einer solchen Ausstattung blieb aber bis 1945 das Porzellanzimmer im Turm der Residenz, das Z. Longuelune einrichtete, erhalten. Die auf Konsolen gestellten kleinen bemalten Kunstwerke, 450 an der Zahl, ordneten sich dekorativ bis zu der reich stukkierten Decke von 1560 empor. Zwischen der farbig gefaßten Holzverkleidung erhöhten große Spiegel ihren festlichen Glanz. Dieses Schema der Aufstellung verwendete man auch für die silbernen und oft vergoldeten sogenannten Schaubuffets meist heimischer Meister. Man baute sie auf, um bei Festlichkeiten den Gästen seinen Reichtum zu zeigen. Das silberfündige Sachsen übertraf auch hier alle kurfürstlichen Höfe.

Im Erdgeschoß des Westflügels der Residenz gab es einen Raum, der sich »Die geheime Verwahrung« nannte, in dem besonders kostbare Werke der Goldschmiedekunst untergebracht waren. Nach seinem farbigen Anstrich hieß er seit 1572 auch das »Grüne Gewölbe«. Unter Einbeziehung dieses Gewölbes ließ August der Starke seit 1721 7 Räume für seine kunsthandwerklichen Kostbarkeiten von den hervorragendsten Handwerkern unter R. Leplat ausstatten. »Das vollkommenste Pretiosenkabinett eines deutschen Fürsten« blieb bis 1945 erhalten, es soll in späterer Zeit wieder in der alten Form entstehen. Der Pretiosensaal zeigt noch die Architektur und die stuckierte Decke von 1550. Die Aufstellung der Kostbarkeiten erfolgte im »Grünen Gewölbe« nach den gleichen Prinzipien des Barock wie die Porzellane im Turmzimmer. Vor großen Spiegelwänden, die auch die Säulen umzogen, waren vergoldete, reich geschnitzte Konsolen angebracht, die die Pokale und Humpen aus Silber, Gold, Bergkristall, geschliffenem Glas, Serpentinstein oder anderen edlen Materialien trugen. Nicht wissenschaftlich ordnende sondern ästhetische Gesichtspunkte waren den Architekten maßgebend für die Gestaltung dieser einmaligen Schatzkammer.

Die anderen klassischen Museen wurden Ende des 19. und Anfang des 20. Jahrhunderts nach modernen Gesichtspunkten geordnet. Die Sammlung der Antiken erhielt 1890 im umgebauten ehemaligen Zeughause, jetzt Albertinum genannt, neue Unterkünfte. Auch die Anfänge dieser Sammlung gehen auf August den Starken zurück.

164 *Schaubuffet, aufgestellt im Thronsaal August des Starken*

165 *Turmzimmer des Schlosses mit barocker Aufstellung Meißner Porzellane von Z. Longuelune 1728*

166 *Scharfrennen von 1560, Rennzeuge von S. Backenberger aus Wittenberg, Aufstellung im Historischen Museum*

Einer der bedeutendsten Ankäufe gelang später seinem Sohn mit dem Erwerb der Statuen der 3 Herculanerinnen, die 1713 bei Grabungen in dem durch den Vesuv verschütteten Orte auftauchten und in den Besitz des Prinzen Eugen nach Wien gelangten.
1720 beauftragte August seinen Leibarzt Dr. Heucher einen »Kupferstichsaal« anzulegen. Dieses älteste Kupferstichkabinett Europas erhielt 1856 neue eigene Räume im Westflügel des Semper-Baues. Sein Reichtum besteht unter anderem in der großen Zahl von deutschen Stichen der Frühzeit, der umfänglichen Sammlung von Handzeichnungen Rembrandts und von Arbeiten sächsischer Künstler vom 16. bis zum 20. Jahrhundert, von Cranach über Caspar David Friedrich bis Ludwig Richter und Otto Dix. Waldemar von Seydlitz gelang es, für das Kabinett fast das gesamte graphische Werk von Toulouse-Lautrec zu erwerben.
Das Münzkabinett, zuletzt im alten Kanzleihaus Hans Irmischs von 1565 untergebracht, ist unter den deutschen Sammlungen eine der ältesten. Schon Herzog Georg legte um 1530 eine Sammlung an und ließ zahlreiche Münzen mit seinem Bild und Wappen aus Freiberger Silber prägen. 1556 verlegte sein Nachfolger die Münze nach Dresden.
Von den alten Sammlungen sei wenigstens noch das Völkerkunde-Museum mit seiner kostbaren afrikanischen und Südsee-Plastik erwähnt. Hier bezogen die Künstler der »Brücke« wie Kirchner und Heckel Anregungen für ihre Gestaltungen.
Schon lange war der Semper-Bau durch das Anwachsen der modernen Abteilung der Galerie zu eng geworden. Als der Neubau für die neuen Gemälde nach dem Kriege eingestellt werden mußte, ging man auf die Suche nach anderen Räumen. Bei der Auseinandersetzung mit dem Hause Wettin war auch der reizvolle kleine Bau der Sekundogenitur auf der Brühlschen Terrasse an den Staat gefallen. Hier richtete Hans Posse 1931 die späteste der staatlichen Kunstsammlungen für die wichtigsten Gemälde des 19. Jahrhunderts von C. D. Friedrich bis zu den Impressionisten ein. Heute ist der Bau eine Gaststätte.
Aus der Reihe der bedeutenden Persönlichkeiten, die den Dresdener Kunstsammlungen ihr neues Gesicht schufen, seien wenigstens einige Namen der älteren Generation genannt, deren Ruf auch über Deutschland hinausgelangte: Karl Wörmann, Direktor der Gemäldegalerie und Verfasser einer umfassenden Kunstgeschichte; Max Lehrs, der Leiter des Kupferstich-Kabinetts und Verfasser grundlegender Arbeiten zur altdeutschen Graphik; Georg Treu, der die Antiken neu ordnete und sich nach 1900 für die moderne europäische Plastik, für Rodin und Meunier einsetzte, Waldemar v. Seydlitz, der das Grüne Gewölbe betreute und als primus inter pares und Diplomat die Geschicke aller Sammlungen leitete.
Als die Antiken-Sammlung das Untergeschoß des Japanischen Palais verlassen hatte, überstrich der Erbe der Räume, die Sächsische Landesbibliothek, die großartige malerische Ausgestaltung nach pompejanischen Vorbildern, das erste Werk, das Gottfried Semper 1836 in Dresden schuf. Ende der zwanziger Jahre besann man sich darauf und begann unter der Direktion Martin Bollerts und der Anleitung des jungen Erhart Kästner die Malereien freizulegen, um hier das Buch-Museum für die Kostbarkeiten der Bibliothek zu schaffen. Goethes Monumentalbüste von David d'Anger bildete die Mitte. Die Stadt Dresden besaß bis 1945 verhältnismäßig bescheidene Räume für ihr Stadtmuseum im Neuen Rathause. Hier hatte auch das Wohnzimmer des wohl beliebtesten deutschen Künstlers des 19. Jahrhunderts mit

167 *Der Lange Gang des Stallhofes, Ausgestaltung von H. Göding, 1588/89, Gewehrgalerie mit Handfeuerwaffen des 16. und 17. Jahrhunderts*

168 *Skulpturensammlung im Albertinum, Saal der Herkulanerinnen, im Hintergrund der Dresdner Zeus*

169 *Das Kupferstichkabinett im Galeriebau G. Sempers*

170 *Altdresdner Stube im als Landesmuseum für sächsische Volkskunst eingerichteten Jägerhof der Neustadt* ▷

171 *Wohnzimmer der Familie Körner im Geburtshaus Theodor Körners, auf der Körnerstraße, früher am Kohlmarkt* ▷

vielen Erinnerungsstücken Aufstellung gefunden, von Ludwig Richter.

Das Körner-Museum im Geburtshaus Theodor Körners, in dem auch Schiller, der Freund des Vaters Gottfried, während seines Dresdener Aufenthaltes als täglicher Gast verkehrte – er wohnte gleich gegenüber beim Gärtner des Japanischen-Palais-Gartens – war zunächst eine private Sammlung von Erinnerungen an Familie und Freiheitskrieg. 1945 wurde das Haus völlig zerstört, nur ein Teil der Gemälde und der Ausstattung konnte gerettet werden.

Das Landesmuseum für sächsische Volkskunst, im letzten erhalten gebliebenen Flügel des von Kurfürst August nach 1568 angelegten Jägerhofes in Altendresden untergebracht, schuf einer der populärsten Männer Sachsens, zugleich Vorsitzender des so verdienstvoll wirkenden Sächsischen Heimatschutzes, Oskar Seyffert. Das 1913 eröffnete Museum erfaßt das volkskünstlerische Schaffen der wandlungsreichen Bevölkerung Sachsens vom Vogtland bis zur Lausitz, welches das bäuerliche, das handwerkliche, aber auch das früh-industrielle Element in der Vielgliedrigkeit der Landschaft hervorgebracht hat.

Bis 1918 hat es eine eigene sächsische Armee gegeben, die auf eine ruhmvolle Tradition zurückschauen konnte. War doch der sächsische Kurfürst Erzmarschall des Reiches gewesen und hatte das Reichsheer angeführt. Im Armee-Museum am Arsenal war gesammelt, was an historischen Waffen, Uniformen, Fahnen erhalten blieb.

172 *Ausstellungsgebäude am Stübel-Platz von E. Bräter, 1896/98, rechts Ausstellungsgebäude H. Erlwein, 1914, im Vordergrund Stübel-Brunnen*

173 *Plakat zur Dritten Deutschen Kunstgewerbe-Ausstellung 1906*

Während des 19. Jahrhunderts hielten sich Dresdens Bedürfnisse für große *Ausstellungen* in bescheidenen Grenzen. 1896 entstand mit dem Wachsen der Großstadt am Stübel-Platz im städtebaulich begünstigten Vorgelände des Großen Gartens am Rande der Innenstadt der Ausstellungspalast von E. Bräter. Das Haus entwickelte sich als ein Mittelpunkt sommerlichen Treibens und gesellschaftlicher Veranstaltungen im Winter. Die Umgebung konnte bis weit in den Garten mit einbezogen werden, die Herkules-Allee mit ihrem alten Baumbestand und den Gruppen Permosers strahlte abends in der Fülle des Lichterglanzes. Die Eröffnung erfolgte mit einer internationalen Gartenschau. Eine Reihe der fortan hier veranstalteten Ausstellungen hat Geschichte gemacht. So war es die Dritte Deutsche Kunstgewerbe-Ausstellung von 1906, die die Abkehr von den historischen Stilen zum Ausdruck brachte und das moderne Kunsthandwerk und Bauen durchsetzte. Sie führte auch zur Gründung des Deutschen Werkbundes und der Gartenstadt Hellerau mit ihren Möbelwerkstätten.

Den Höhepunkt vor dem ersten Weltkriege brachte die

174 *Hauptpavillon »Der Mensch« in der Internationalen Hygiene-Ausstellung, 1911*

175 *Plakat von Franz v. Stuck*

erste Internationale Hygiene-Ausstellung 1911 mit dem Pavillon »Der Mensch«, der ein lebensvolles Bild vom Bau und der Tätigkeit des menschlichen Körpers vermittelte. Die Schau bedeutete eine Zäsur für die gesamte junge Wissenschaft der Hygiene und wuchs zu einem Kulturunternehmen mit weltweiter Ausstrahlung. — Der Industrielle Karl August Lingner, Begründer der Odol-Werke, war nicht nur der geistige wie materielle Initiator der Ausstellung, er wurde auch der Schöpfer des Deutschen Hygiene Museums. Verhindert durch Krieg und Inflation konnte es erst 1928/30 von Wilhelm Kreis in der Achse zum Großen Garten-Palais errichtet werden. Das Museum hat den zweiten Weltkrieg wenigstens in seinen Grundmauern überstanden, ist inzwischen wieder ausgebaut und hat seine alte Bedeutung zurückgewonnen. Sein Wahrzeichen, die Bronzeplastik der Hygieia von Karl Albiker, blieb allerdings unwiederholbar verloren. Das Fresko von Otto Dix mit den Bildnissen der Gründer des Hauses hatte die NS-Partei schon vorher abgehackt. Eine zweite Internationale Hygiene-Ausstellung fand 1930/31 anläßlich der Einweihung des Museums statt.

176 *Luftbild von der Jahresschau Deutsche Arbeit mit Kugelhaus von H. Bretschneider, 1928*
177 *Internationale Hygiene-Ausstellung 1930/31, der Chlorodont-Turm*

1922 begann die Serie der alljährlichen Ausstellungen unter dem Patronat des »Vereins zur Veranstaltung der Dresdener Jahresschauen« mit dem Gipfelpunkt der Jubiläums-Gartenbau-Ausstellung von 1926. Sie war mit dem letzten internationalen Kunstereignis der Stadt verbunden, einer Kunst-Ausstellung, die vor allem einen Überblick über die moderne Malerei der Welt vermittelte, eine Moderne, die heute längst klassisch geworden ist, damals aber noch hart umkämpft war.
Hatte der Ausstellungsbau Bräters die aufwendigen Formen der deutschen Renaissance mit mächtigen Kuppeln gezeigt, so hielt sich der nach der Lenné-Straße sehr bescheidene, pavillonartig gegliederte zweite Bau von 1915, der letzte von H. Erlwein, in den noblen Formen eines Klassizismus. Er war vor allem für kleinere Kunstausstellungen bestimmt, für die es in Dresden noch kein geeignetes Unterkommen gab, obwohl Dresden bereits 1764 die erste deutsche Kunstausstellung im Rahmen der eben gegründeten Akademie veranstaltet hatte. Im Haus an der Lenné-Straße zeigte vor allem die damals eben gegründete »Künstlervereinigung«, in der sich die meisten der schöpferischen Kräfte einer jungen Generation zusammenschlossen, die Werke ihrer Mitglieder. Die Jahresschauen nach dem Kriege gaben den Architekten endlich die Möglichkeiten zu reizvollen modernen Gestaltungen mit neuen Materialien. Den bemer-

178 *Technische Hochschule am Bismarckplatz von R. Heyn, 1872/75*

kenswertesten Bau schuf Peter Bretschneider mit dem Kugelhaus, das zum ersten Male einen Entwurf gebliebenen Plan des Architekten der französischen Revolution C. N. Ledoux verwirklichte. Die Nationalsozialisten brachen das inzwischen zu einem Wahrzeichen der Stadt gewordene Kugelhaus ab, weil es »nicht aus der deutschen Seele« kam. Eine Reihe trefflicher Kleinbauten gelang Hans Richter mit der Halle für Leibesübungen und der anschließenden Straße der Nationen. Der Chlorodont-Turm und der Turm mit dem Glockenspiel aus Meißner Porzellan für das Haus des Dresdener Anzeigers setzten ebenfalls reizvolle Akzente in dem sommerlichen Ausstellungsgeschehen.

Dresdens Beitrag zu den exakten *Wissenschaften* blieb im Verhältnis zu den schönen Künsten bescheiden. Als weitaus bedeutendste Erscheinung repräsentierte und repräsentiert die Technische Hochschule — heute als Technische Universität —, die 1928 ihr 100jähriges Jubiläum feierte, wissenschaftliche Forschung und Praxis. Die Gründung der langersehnten und geplanten zweiten Landesuniversität in der Vorstadt Plauen fiel dem ersten Weltkriege zum Opfer. Die Tierärztliche Hochschule siedelte als Folge dieser Aufgabe nach Leipzig über. Die ruhmvolle chirurgische-medizinische Akademie mit Sitz im Kurländer Palais, an der auch Carl Gustav Carus wirkte, wurde schon Ende des 19. Jahrhunderts mit der Medizinischen Fakultät Leipzig vereinigt.
Die Technische Hochschule wuchs aus bescheidensten Anfängen heraus. Ihre Wiege stand unter dem Namen Technische Bildungsanstalt im kleinen Brühlschen Gartensaal auf der gleichnamigen Terrasse an der Stelle, auf der sich heute das Denkmal für den Bildhauer Ernst Rietschel erhebt. Die nachfolgenden, nur historisch reizvollen Räume in der Rüstkammer am Jüdenhof waren nicht weniger ungenügend. 1846 endlich konnte am Antons-Platz auf ehemaligem Festungsgelände ein eigenes Gebäude als Polytechnische Schule bezogen werden. Es war der Bau, der zuletzt einen besonderen Ruf durch seine Ateliers im Dachgeschoß genoß, in dem die namhaftesten Dresdner Maler für kürzere oder längere Zeit eine Wirkungsstätte fanden. Bei der rasch fortschreitenden technischen Entwicklung erwies er sich bald wieder als ungenügend und man verlegte die folgende Bautengruppe in die neu entstehende Südvorstadt hinter dem Bahnhof am Bismarck-Platz. Rudolph Heyn schuf 1872—75 das Hauptgebäude in den für Dresden charakteristischen Formen der Neurenaissance. Es blieb bis zu seiner Zerstörung Ausgang für die weiter nach Süden bis zu den Räcknitzer Höhen sich dehnenden Institute. Schon 1890 war das Polytechnikum zur Technischen Hochschule mit allen Universitätsrechten erhoben worden.
Die bedeutendste Erscheinung nicht nur unter den Gelehrten, sondern auch unter den Organisatoren war Gustav Anton Zeuner, Forscher von Weltruf auf dem Gebiete der mechanischen Wärmelehre, der Begründer des ersten ständigen Flußbaulaboratoriums der Welt und zugleich Direktor des Polytechnikums von 1873—1890. Er war es, dem es gelang, die vierte der klassischen technischen Abteilungen, die den Kern der Hochschule bildeten, zu begründen, die Hochbau-Abteilung. Sie ist es gewesen, die nicht nur in der Stadt Dresden die sichtbarsten Zeichen setzte, sie wirkte von nun an neben der Architektur-Abteilung der Kunstakademie. Oft lehrten die gleichen Architekten an beiden Anstalten, wie Paul Wallot, der Schöpfer des Reichstagsbaues und des Sächsischen Landtags. Hans Poelzig bekleidete gleichzeitig das Amt eines Dresdner Stadtbaurats.

Der Verzicht auf eine Dresdner Universität bewirkte 1925 die Gründung einer eigenen »Kulturwissenschaftlichen Abteilung« an der Technischen Hochschule für die Fächer der Geisteswissenschaften mit nicht weniger als 12 Ordinarien. Von ihr wurden die Mathematisch-Naturwissenschaftlichen Fächer als eine eigene Abteilung abgetrennt. Die neue Abteilung bezog das Hauptgebäude am Bismarck-Platz. Sie diente nicht nur dem Zwecke der Vermittlung einer umfassenden universalen Bildung der Ingenieure sowie der nach der Auflösung des Lehrer-Seminars hinzugekommenen Pädagogen, sie entwickelte sich bald auch zu einem fruchtbaren geistigen Mittelpunkt der Stadt, der weithin ausstrahlte. Die Abteilung war oft auch eine Durchgangsstelle für junge Gelehrte, die bald die Ordinariate der Universitäten besetzten. Aber gerade diese Fluktuationen der Nachwuchsgeneration brachte dauernd neue Anregungen und Ausstrahlungen mit sich.

Nicht weniger fruchtbar wirkten sich die zahlreichen wissenschaftlichen Vereinigungen aus, wie der Sächsische Altertumsverein und der Verein für Geschichte Dresdens für die Historiker sowie die Naturwissenschaftliche Gesellschaft Isis, um nur einige der ältesten und berühmtesten zu nennen. Eine bedeutende Bildungsstätte besaß Dresden auch in seinem Arbeiterbildungsverein, dessen Wirken schon in den achtziger Jahren begann.
Zu den Schöpfungen der Nachkriegsjahre gehörte das Städtische Planetarium an der Lennéstraße von P. Wolf. Der Zoologische Garten, am Rande des Großen Gartens gelegen, erlebte in diesen Jahren eine Hochblüte. Sein Leiter, Georg Brandes, erwies sich als ein hervorragender Tierzüchter. Es war schon für den Besucher ein beklemmendes Gefühl, wenn man in seinem Hause erlebte, daß zur Begrüßung erst einmal ein paar junge Löwen erschienen, die zum Haushalt zählten.
Die umfassendste Persönlichkeit der Hochbauabteilung bis in die zwanziger Jahre hinein blieb Cornelius Gurlitt, ein Mitglied der berühmten Künstler- und Gelehrten-Familie. Er war nicht nur einer der Begründer der deutschen Barockforschung und ein Vorkämpfer für die befehdete Kunst der Gegenwart, sondern er führte auch die eben begonnene Inventarisation der Kunstdenkmäler Sachsens in 40 Bänden zu einem Ende. Er lehrte die Kunst der Vergangenheit in ihrer zeitlichen Bedingtheit verstehen und legte so den Weg für seine Schüler zu eigenen Schöpfungen frei. Dazu wurde er der eigentliche Begründer der Sächsischen Denkmalpflege und des Städtebauseminars, das auch wesentlich zur Bereinigung von Bausünden des 19. Jahrhunderts in Dresden beitrug.

179 *Bildnis G. A. Zeuner (1828–1907), Forscher von Weltruf auf dem Gebiet der Wärmelehre*

180 *R. Hahn, Bildnis C. Gurlitt (1850–1938), Architekt und Kunsthistoriker*

Der Bergbau des Erzgebirges hatte auch für Dresden eine frühe *Industrialisierung* mit sich gebracht. Entlang des Flüßchens Weißeritz und später am abgezweigten Weißeritzmühlgraben zogen sich seit Mitte des 16. Jahrhunderts die mannigfachsten Industrieanlagen hin. Zwei von ihnen blieben bis 1945 erhalten, wenn auch in späteren Bauten und mit anderer Nutzung. Der Kupferhammer entstand schon im 16. Jahrhundert unter Kurfürst August, er wurde dann 1765 zum kurfürstlichen Kanonenbohrwerk umgebaut, bis er nach 1870 seinen Betrieb als technisch überholt einstellte. Auch die benachbarte Pulvermühle begann zur selben Zeit. Immer wieder erlebte das gefährliche Unternehmen das gleiche Schicksal und flog in die Luft. Unsere Abbildung zeigt den letzten Bau von 1777. Der Architekt beider Betriebe war G. Kuntsch, der gleichzeitig eine ganze Reihe der nach der Zerstörung des Siebenjährigen Krieges notwendig gewordenen Bürgerhäuser in der Stadt errichtete. Beide Industriebauten mit ihren Verwaltungen unterschieden sich in ihrem Stile charakteristischerweise durch nichts von den kleinen Herrschaftshäusern in Sachsen aus dieser Zeit. Den Bohrturm schloß eine welsche Haube ab. Der Turm der Pulvermühle erhielt sogar das kleine »Belvedere«, das damals letzte Mode war. Neben diesen kurfürstlichen Großbauten für militärische Zwecke blieb der Umfang der privaten Unternehmen wie die alte Pechhütte an der Ammonstraße höchst bescheiden.

181 *Die Pulvermühle in Löbtau, G. Kuntsch, 1777*

Das Rückgrat für die Entwicklung der Dresdner Industrie bildeten wie überall die Banken. Alle deutschen Großbanken unterhielten ihre Filialen in der Stadt. Eine besondere Erwähnung, weil hier beheimatet, verdient dabei die 1872 gegründete Dresdner Bank. Sie erwuchs aus der privaten Firma der Familie Michael Kaskel und trägt bis heute wenigstens noch den Namen der Stadt um die Welt. Zu ihnen kamen eine Reihe von Privatbanken, allen voran das Bankhaus der Gebrüder Arnhold, deren Inhaber die Nationalsozialisten vertrieben, obwohl sie zu den wenigen großen Mäzenen der Stadt gehörten.
Mit der sich ausdehnenden Großstadt wuchsen auch die Schwierigkeiten der Wasserversorgung. So entstand 1876 auf halbem Wege nach Loschwitz an der Elbe das erste große Wasserwerk Bernhard Salbachs, das seine aus der Kiesschicht des Ufervorlandes gewonnenen Vorräte in zwei Hochreservoirs beim Fischhause pumpte. Es war vor allem den Bewohnern der östlichen Vororte wohlbekannt, die an der »Saloppe«, einem alten Gasthaus, in einem Kahn über die Elbe setzten um hier ihren »Heidebummel« nach dem Fischhaus oder nach Klotzsche zu beginnen. Nach 1930 wurde der Betrieb des Wasserwerkes vereinfacht und der Bau wieder abgebrochen.

Der stetige Aufstieg der Industrie begann erst mit der Überwindung des Krachs in den Gründerjahren. Die Veranlassung zu ihm wollte der Dresdner Stadthistoriker Otto Richter in der krankhaften Gewinnsucht sehen, die damals alle Volkskreise ergiffen habe. Er schrieb dazu:

182 *l.: R. Sterl, Bildnis H. Ernemann (1861–1916)*
183 *Mitte: Unbekannter Künstler, Bildnis T. Bienert (1813–1893)*
184 *r.: R. Sterl, Bildnis A. Lingner (1861 bis 1916)*

»Wenn der Emporkömmling der Börse sich in stolzer Karosse auf Gummirädern spreizte und den Champagner in Strömen fließen ließ, so mochte der Maurer glauben, in der Droschke zum Werkplatz fahren und statt des Waldschlößchen-Braunbiers echtes Kulmbacher trinken zu dürfen. Wenig Arbeit und viel Vergnügen waren das Ziel aller.« Eine ähnliche Auffassung vertrat der sächsische Finanzminister Rüger, als er die Eisenbahntarife für den sonntäglichen Personenverkehr um 25% erhöhte, damit die Bürger ihr Geld nicht ausgeben sollten.

Die Dresdner Industrie verfügte über eine Reihe von Großbetrieben, die mit Ausnahmen in sich selbständig wirtschafteten und nicht konzerngebunden waren. Das gab ihnen einmal ihr ganz eigenes Gesicht, wirkte sich aber nach dem Mittelschwund durch die Inflation und nach der Wirtschaftskrise von 1930 nachteilig aus.

Aus der Zahl der Unternehmen seien nur einige der wichtigsten genannt, mit denen sich die Dresdner besonders verbunden fühlten.

Von den Maschinenfabriken war die Firma Seidel & Naumann die bekannteste. Sie fabrizierte Nähmaschinen und Fahrräder, die meist für den Export bestimmt waren, während ihre Schreibmaschinen, die große »Ideal« und die kleine» Erika« zu den beliebtesten im deutschsprachigen Raum gehörten.

Schon seit den achtziger Jahren begann die Entwicklung der Fotoindustrie zunächst in kleinen und mittleren Betrieben. Sie umfaßte sowohl den Kamerabau, den Bau von kinematischen Apparaten, wie die Herstellung von Fotopapieren. Die Kamerafabrik Heinrich Ernemann überragte alle diese Unternehmen, während in der Aktiengesellschaft der »Mimosa« sich die Papierfabrikation zusammenschloß. Schon vor dem Ersten Weltkrieg war Dresden der erste Platz des Kontinents für Kamerabau. Nach dem Kriege fusionierte sich Ernemann mit der neuen Firma Zeiß-Icon.

In Dresden stand auch die Wiege der deutschen Zigaretten-Industrie mit der Fabrik der »Compagnie Laferme«. Ihr folgten neben vielen kleinen Unternehmen Georg Jasmatzi und die »Yenidze« mit der wohl bekanntesten deutschen Zigarette vor dem Weltkrieg, der »Salem-Aleikum«. Ihr grotesker, die Barockstadt Dresden wahrhaft nicht zierender Bau hat in seinen wesentlichsten Teilen die Bombennacht überlebt. Dresden war bis 1914 auch der bedeutendste Umschlagplatz für Orient-Tabake.

Aus der Zahl der chemischen Betrieb seien zwei hervorgehoben, deren Erzeugnisse im wahren Sinne des Wortes in aller Munde waren und zum Teil auch heute noch sind: Die Lingner-Werke produzierten unter anderem das Mundwasser »Odol«. Ihre charakteristischen Spritzflaschen fallen unübersehbar aus dem Flaschenwald heraus. Die Zahnpasta »Chlorodont« der Chlorodont-Werke

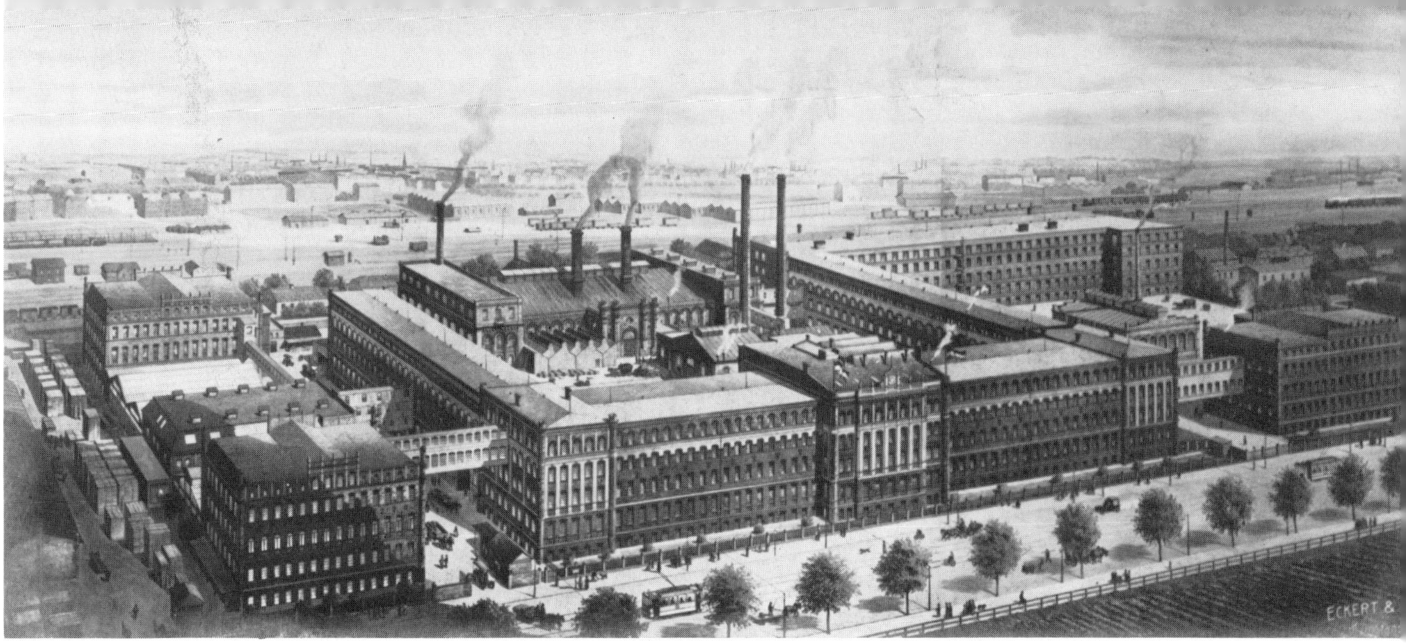

185 *Nähmaschinen- und Fahrrad-Fabrik von Seidel und Naumann an der Hamburger Straße*

v. Mayenburg trat erst nach dem Kriege ihren Siegeszug an. Ihre Wiege stand in der zweitältesten Apotheke der Stadt am Altmarkt, der Löwenapotheke, die sich im Mittelalter Vogel-Apotheke nannte.
Eines der populärsten Unternehmen, die erst in jüngster Zeit zu einem volkseigenen Betriebe sich wandelten, waren die Mühlenwerke Traugott Bienert. Ihr Gründer schuf sie aus kleinsten Anfängen heraus in der alten Hofmühle am Eingang zum Plauenschen Grunde. Bienerts, wie sie die Dresdner nannten, war nicht nur das größte Unternehmen seiner Art in Sachsen, es zeichnete sich auch durch seine vorbildlichen sozialen Einrichtungen und Stiftungen aus. Die hochgeladenen Mehlwagen, bis Ende der zwanziger Jahre mit der Bespannung der schweren Kaltblüter, gehörten zu dem Bilde der Stadt wie die Bierwagen in den Straßen von München. Neben dem patriarchalischen Unternehmer Theodor Bienert, dessen Wirken sich auf die engere Heimat beschränkte, mögen aus der Fülle der Persönlichkeiten der Industrie wenigstens noch zwei genannt werden, die durch ihr Schaffen weit über Deutschland hinaus bekannt wurden, Heinrich Ernemann und August Lingner. Ernemann war nicht nur einer der großen Pioniere der Foto-Industrie, er war es auch, der den Namen »Kino« schuf. August Lingners Name ist verbunden mit der ersten Internationalen Hygiene-Ausstellung Dresden 1911. Er wurde auch zum eigentlichen Begründer des Deutschen Hygiene-Museums, dessen Verwirklichung er selbst nicht mehr erlebte.
Neben den großen Industriewerken der freien Wirtschaft entstanden eine ganze Reihe städtischer Produktionsstätten, die die Bevölkerung mit Energie versorgten. Das Westkraftwerk an der Könneritzstraße lieferte die Heizung für einen großen Teil der Innenstadt.
Eine wichtige, wenn auch bescheidene, dafür um so reizvollere Industrie war von jeher die weitverzweigte Heimindustrie, die die erzgebirgischen Spielwaren fertigte. Der Sächsische Heimatschutz unter Oskar Seiffert und seinem Museum wirkte als geistiger Betreuer. Er sorgte dafür, daß sie nicht entartete, verkitschte und zum öden Massenartikel absank.

Im alten Dresden gelang es noch einmal, die kostbaren Bauten des 17. und 18. Jahrhunderts mit den modernen Bedürfnissen des Handels einigermaßen in Einklang zu bringen. Die Geschäfte in der Töpferstraße 1 und 3, wie auch der Komplex der drei verbundenen Häuser, auf der Südseite des Altmarktes gelegen, des Kaufhauses Renner gehörten zu den glücklichen Beispielen. Als ein liebenswertes Kuriosum konnte aber nur der Rest des Flohmarktes betrachtet werden, der in den Trödelbuden auf dem Stiftsplatz, wenige hundert Meter vom Zwinger entfernt, ein kümmerliches Dasein fristete.

186 *Das Wasserwerk Saloppe von B. Salbach, 1876*

187 *Die Vogelwiese auf den Elbwiesen vor Antons, im Hintergrund die Loschwitzberge mit dem Weißen Hirsch*

188 *Christstollenbäckerei, die Stollen sind geformt und fertig für den Backprozeß*

Im Laufe der zweiten Hälfte des 19. Jahrhunderts verloren die auf dem Altmarkt mehr als sechshundert Jahre lang durchgeführten *Märkte* immer mehr ihre Bedeutung. Es blieb von dieser Herrlichkeit nur noch der große, eine Woche andauernde Striezelmarkt, wie der weihnachtliche Markt hieß. Die Budenstadt dehnte sich vom Altmarkt weiter über den Neumarkt, einen Teil der Ringstraße und in der Neustadt vom Markt die Hauptstraße entlang aus. 1934 verschwand auch dieses letzte Stück Dresdner Budenromantik von den Plätzen und Straßen. Ein Rest erhielt sich mit Hilfe des verdienstvollen Sächsischen Heimatschutzes im abgeschlossenen Hofe des Stallhofes als Präparat, da man Budenbeschaffenheit, die zu verkaufenden Waren wie ihre Verkäufer brav nach heimatschützlerischen Prinzipien konzessionierte und kontrollierte. Die ehemals so heiter belebten Plätze blieben bis auf einen kleinen Blumenmarkt auf dem Altmarkt fortan als Parkplätze den Autos vorbehalten.

Der Dresdener Weihnachtsmarkt sah Aussteller aus ganz Sachsen. Es kamen die Spielwarenhersteller der erzgebirgischen Hausindustrie aus Sayda, die Posamentierer aus Annaberg, die Klöpplerinnen aus Schwarzenberg, die Leineweber aus der Lausitz und die Pulsnitzer Lebküchler. Es kamen auch die Vertreter der Gablonzer Glasbläser mit ihren Weihnachtsketten und Kugeln. Als Käufer erschienen mit den Dresdnern die Bewohner der ganzen Landkreise, die hier billiger als in den Läden einzukaufen hofften. Das Wahrzeichen des Christmarktes blieb, wie man schon auf dem Holzschnitt Ludwig Richters sehen kann, der Pflaumentoffel. War der Pflaumentoffel nur für die kleinen Leute bestimmt, so geht der Dresdner Christstollen der Bäcker und Konditoren wie der der Hausfrauen bis heute in die ganze Welt, wenn seine alten Hersteller zum Teil auch ausgewandert sind. Der Christstollen ist ein ehemals bescheidenes Gebildebrot in Zopfform, das in seiner Zusammensetzung immer raffinierter wurde.

Eine besondere Gruppe der Dresdener Märkte stellten die Töpfer, die vor allem aus der Lausitz kamen und ihre Irdenware vor der Frauenkirche und am Festungsrest vor dem Albertinum feilboten. Nach dem Kriege zog der Topfmarkt mit seinen inzwischen veränderten Produkten aus Emaille und Aluminium auf den Alaunplatz der Neustadt.

Das einzige wirkliche Volksfest, das die Dresdener bis heute kennen, ist die »Vogelwiese«. Sie ging um 1465 aus dem Pfingstschießen der Bogenschützen hervor und hat an vielerlei Orten stattgefunden, bis man sie 1874 auf die städtischen Elbwiesen hinter »Antons« verlegte, wo sie in ihrer alten Form im Juli 1939 zum letzten Male gefeiert wurde. Wie alle solche Unternehmen wurde die »Vogelwiese« immer mehr zum Rummelplatz. Die hellen Dresdener wußten das genau, wie man dem Schluß eines der älteren Vogelwiesenlieder entnehmen kann: »Säh'n Se! Ooch noch bekunär is das alles kee Gewinn, aber desderwegen renn mer alle Jahre doch zur Vogelwiese hin!«

Zu den Volkfesten der Stadt zählte das Auftreten des Zirkus Sarrasani, der sein Zelt auf verschiedenen Plätzen errichtete, bis er sich 1912 ein eigenes festes Haus am Carolaplatz in der Neustadt schuf. War er auf Reisen, fanden in der Arena Revuen und nach dem Kriege die großen internationalen Box- und Ringkämpfe statt, bei denen es oft zu stürmischen Szenen kam. In den zwanziger Jahren diente der Zirkus den Parteien als Forum in den politischen Kämpfen. Die Arena wurde Zeuge eines politischen Ereignisses, als am 10. November 1918 in ihr die Republik ausgerufen wurde.

Von der Arena zur Kasperle-Bude ist nur scheinbar ein weiter Schritt. Der Heimatschutz-Kasperle, der seine Bude im Kurländer Palais aufgeschlagen hatte, gehörte ebenfalls zu den volkstümlichen, festlichen Ereignissen nicht nur der jungen Dresdener. Die Puppenbühne des beim Angriff 1945 mit umgekommenen Oswald Hempel brachte vor allem auch dramatisch geschürzte Spiele aus der Lokalgeschichte.

189 *F. Trautsch, Christmarktbuden auf dem Altmarkt, im Hintergrund das alte Rathaus 1901*

190 *Auf dem Striezelmarkt, Stand mit weihnachtlichen Gablonzer Glaswaren*

Nur mit Sehnsucht denkt der alte Dresdner an die Fülle verschiedenartigsten großen und kleinen, teuren und billigen Gaststätten zurück, von denen ihm keine erhalten geblieben ist.

Für den Fremden wie für den Einheimischen bedeutete das Hotel Bellevue den Begriff der vornehmsten *Gastlichkeit* der Stadt. Als Calberlasche Zuckersiederei um 1820 errichtet, wurde der klassizistische Dreiflügelbau Mitte der fünfziger Jahre zum Hotel umgestaltet. In einmaliger Lage auf der westlichen Ecke der alten Festung Dresden, mit dem Blick auf die Augustusbrücke und die Neustadt, geöffnet nach dem durch die beiden Neubauten Sempers, dem Opernhaus und der Gemäldegalerie entstandenen Theaterplatz, wurde es bald auch ein Mitelpunkt geistigen Lebens. Fast alle bedeutenden Aufführungen der Oper fanden hier ein festliches Ende, darunter die Uraufführungen von Richard Strauss. Das Hotel Bellevue gehörte zum Lieblingsaufenthalt Gerhart Hauptmanns. Potentaten und Diplomaten stiegen hier ab.

Dem Zwinger schräg gegenüber stand das Hotel Weber, dessen erster Bau mit seinem Turmhaus das Stadtbild des 19. Jahrhunderts beherrschte. Nach dem Umbau zum Palast-Hotel Weber gehörte es neben dem Europäischen Hof an der Prager Straße zu den repräsentativen Hotelbauten der Stadt. Das Trompeterschlößchen am Dippoldiswalder Platz lag ursprünglich vor der Festung in der Seevorstadt und führte seine sagenumwobene Geschichte bis auf das 16. Jahrhundert zurück. Nach der Zerstörung im Siebenjährigen Krieg entstand der reizvolle Barockbau mit Mansarddach und der verbrochenen Ecke. Oswin Hempel baute es zuletzt zu einem beliebten Familienhotel um. In der Neustadt lagen die »Drei goldenen Palmenzweige« am Wilhelmsplatz neben dem Palais Racknitz, in denen schon Goethe abstieg, und dem Japanischen Palais mit der Sächsischen Landesbibliothek.

Zur Kundschaft des Englischen Gartens am Ring, des nobelsten und teuersten Speiselokals, gehörten vor allem die Gutsbesitzer des Landes, die hier ihre Familienfeste feierten. Leider gibt es keine Abbildung dieses in seinem Äußeren so unscheinbaren Hauses. Nur wenige hundert Meter entfernt führte die Treppe in den Ratskeller des Neuen Rathauses an der Ringstraße. Sein abgeschlossenes Ratsherrenstübchen gehört bis heute zu den bedeutendsten künstlerischen Gestaltungen aus den Jahren vor dem Ersten Weltkrieg. Blieb der Englische Garten nur wenigen Zahlungskräftigen vorbehalten, so strömten täglich Hunderte in Dresdens größtes Bier- und Speisehaus, in die Bärenschänke, die sich von der Weber- bis zur Zahnsgasse zog. Die vielen kleineren Räume hatten die besten Dresdner Künstler so originell und intim ausgestattet, daß kein Gefühl einer Massenabfertigung entstand. Die Geschichte der Bärenschänke verdiente geschrieben zu werden. Großer Beliebtheit erfreute sich am Postplatz das Stadtwaldschlößchen, Besitz der auf halbem Wege nach dem Weißen Hirsch gelegenen ältesten Aktienbrauerei Dresdens. Es war in der ehemaligen Spiegelschleife, einem Bau des 18. Jahrhunderts, untergebracht. Neben dem Hotel Bellevue stand das alte »Italienische Dörfchen«, auch Helbigs genannt, ein großer Kaffeeausschank. Seine Hauptattraktion erlebte es an den sommerlichen Nachmittagen, wenn die Kapellen der Dresdener Regimenter abwechselnd von einem in der Elbe schwimmenden Pavillon aufspielten. 1912 wich der zusammengestoppelte Bau verschiedener Jahrzehnte dem heutigen »Italienischen Dörfchen« Hans Erlweins. Um gleich noch von den anderen Gartenlokalen zu sprechen: Auch sämtliche in dem so weit vor der Stadt gelegenen Großen Garten bestehenden Unternehmen wie Pollender, die Torwirtschaft und die Große Wirtschaft, fielen den Bomben in der Nacht vom 13. zum 14. Februar zum Opfer.

Immer mehr Namen drängen sich der Erinnerung auf. Dresdens ältestes Café, Kreutzkamm am Altmarkt, mit den berühmtesten Dresdener Christstollen oder das Café Zuntz auf der Prager Straße, in dessen Hinterzimmern die Dresdener Künstler von Nachmittags bis Abends bei einer Tasse Kaffe für 24 Pfennige saßen; das Café König mit Königsdiele, in der Josef Hegenbarth seine Modelle fand, die Weinlokale »La Vigna« und »Bodegha«, ebenfalls alte Kampfstätten der Dresdener Künstler, neben der vornehmen »Traube«, »Grells Weinstuben« und dem schon genannten Ratskeller. Wer das Bier vorzog, ging zu »Gaßmeier«, in den »Pilsner Bierstall« oder in die kleine »Rülpshelene« am Jüdenhof. Klang der Name auch nicht fein, um so gepflegter waren die 24 verschiedenen Biersorten. Die größte Zahl der Tanzlokale hatten den Weltkrieg nicht überlebt, doch das »Linckesche Bad« am Anfang der Bautzner Landstraße und der schon durch August den Starken konzessionierte »Weiße Adler« auf dem Weißen Hirsch mit den Donnerstags-Réunions blühten weiter wie Binder-Ernstens Witwenball in den »Blumensälen« der Johannstadt für die reifere Jugend.

Der Bericht wäre nicht vollständig, wollten wir nicht einige Lokale nennen, die die Dresdner offiziell nicht zur Kenntnis nahmen, die »Sechser Kneipe« am Poppitz, in der man schneller Prügel bekam als man sich vorstellte, sowie »Die blaue Maus« in der Kanal-Gasse. Beide Unternehmungen lernte der nach Dresden eingezogene junge Soldat sofort kennen, weil sie auf der Liste der verbotenen Lokale standen, die in jeder Kaserne aushing.

191 *l. oben: Hotel »Drei Goldene Palmenzweige« am Kaiser-Wilhelm-Platz* ▷
192 *r. oben: Helbigs, das alte Italienische Dörfchen* ▷
193 *m. l.: Das Trompeterschlößchen am Dippoldiswalder Platz* ▷
194 *m. r.: Das Palast-Hotel Weber am Postplatz* ▷
195 *u. l.: Eingang zur Bärenschänke in der Webergasse* ▷
196 *u. r.: Die Große Wirtschaft im Großen Garten* ▷

HOTEL
Drei goldne Palmenzweige
Hotel „Drei goldene Palmenzweige"
Emil Inh. Ebert
Rudolf Wachs

Helbig's
Etablissement.
Special Ausschank
Brauerei Feldschlösschen
DRESDEN.

Trompeterschlößchen

PALAST-HOTEL WEBER
Dresden - Palast-H

Bären Schänke

197 *Die erste Automobildroschke mit elektrischem Antrieb 1903*

In der Geschichte der deutschen Eisenbahn nimmt Dresden einen hervorragenden Platz ein. Von Dresden aus wurde 1839 die erste große deutsche Linie nach Leipzig von der Neustadt aus zunächst als privates Unternehmen eröffnet. Später fehlte es an einer Zusammenfassung der Bahnhöfe und von nicht weniger als fünf lief der *Verkehr* in die verschiedensten Richtungen. Nach seiner Lage zur Stadt erwies sich bald der bereits 1864 erweiterte Böhmische Bahnhof als der günstigste. Da er aber ebenerdig geführt wurde, entwickelte er sich mit zunehmendem Verkehr zu einem Hindernis ersten Ranges für den Straßenverkehr zur neuerbauten Südvorstadt. Erst als 1898 der von Giese und Weidner an gleicher Stelle errichtete Hauptbahnhof mit nunmehr Hochgleisführung vollendet stand, konnte dieser wieder ungehemmt fließen.

Die Entwicklung des innerstädtischen Schienenverkehrs gereichte dagegen nicht zum Ruhme der Dresdner Stadtväter. Er ging nur langsam und mit vielen Hindernissen durch private Gesellschaften vor sich. 1872 lief die erste Pferdebahn vom Böhmischen Bahnhof nach Blasewitz und nach Plauen. Die alten Dresdner erinnern sich noch genau, daß diese Linien bis 1945 traditionell auch als elektrische Bahn als Nr. 1 geführt wurde. Zwei Sorten Wagen liefen in den folgenden Jahrzehnten, einfache Wagen mit einem Pferd und Oberdeckwagen mit doppelter Bespannung. Eine kleine Sensation spielte sich immer am Brückenaufgang zur Augustusbrücke ab. Hier wurde ein Vorreiter vorgespannt, der den Wagen die Steigung zum Scheitel der Brücke überwinden half. Aber es gab für den Sommer auch schon offene Wagen. 1900 verschwanden die letzten Pferdebahnen aus dem Stadtbild. Die neuen »Elektrischen«, wie die Dresdner sie nannten, die erste fuhr wiederum 1893 nach Blasewitz, gehörten zuerst zwei Gesellschaften, einer englischen und einer deutschen. Sie unterschieden sich durch »rote« und »gelbe« Wagen Beide Farben liefen noch lange nach der Übernahme in städtische Regie 1905 nebenher. 1930 wartete das Konstruktionsbüro der städtischen Straßenbahn mit einer kleinen Sensation auf, einem Wagentyp, der durch seine schlanke elegante Form im Volksmund als »Hechtwagen« bezeichnet wurde. Es gab große vierachsige und auch »kleine« zweiachsige »Hechte«. Die großen fuhren vor allem auf den Weißen Hirsch mit Linie 11, die kleinen auf dem kleinen Ring mit Linie 26.

Die Zeit der »Chaisenträger«, die ein längst verschwundenes Haus auf der südlichen Hälfte des Altmarktes innehatten, und die vor allem Damen durch die innere Stadt zu ihren Einkäufen trugen, war schon Mitte des Jahrhunderts vorbei.. Ihre Innung fand damals einen neuen Beruf. Sie wurden die besten Möbelräumer der Stadt, und wer etwas auf sich und seine Sachen hielt, bestellte sie zum Umzug. An ihre Stelle waren die Pferdedroschken getreten, die auf allen Plätzen ihre Halteplätze besaßen. Ihre beiden Klassen unterschieden sich durch die Farbe der Wagenräder, die erste Klasse hatte leuchtende gelbe, die zweite Klasse begnügte sich mit zurückhaltendem Blau. 1903 erschienen in Dresden die ersten Auto-Droschken, sie liefen aber zunächst noch mit elektrischem Antrieb. Bald nach dem Kriege verschwanden die letzten Pferdedroschken aus dem Stadtbild, bis auf die wenigen, die im Sommer die Fahrt durch den Großen Garten antraten, aus dem die motorische Konkurrenz verbannt blieb.

198 *oben: Die Pferdebahn vom Arsenal zum Böhmischen Bahnhof um 1890* ▷
199 *Mitte: Pferdebahn mit Vorreitern an der Augustusbrücke, um 1890* ▷
200 *unten: Der erste Hechtwagenzug auf der Augustusbrücke 1930* ▷

Dresden besaß schon 1909 im Vorort Kaditz an der Elbe einen eigenen Flughafen mit Flughalle, in der nicht nur ein Zeppelin gelegentlich stationiert war, sondern der vor allem auch von vielen kleinen Eindeckern und Doppeldeckern genutzt wurde. Hier vollführte auch der Franzose Pegoud seine erregenden Sturzflüge. Der Wiederbeginn des Flugverkehrs vollzog sich in Dresden 1924 denkbar primitiv. Am Elbufer der Vorstadt Johannstadt landeten die sechssitzigen Junkers-Ganzmetall-Verkehrsflugzeuge auf ihrem Wege nach Hamburg. Wenige Jahre später konnte dann der neue Flugplatz auf dem Heller in Betrieb genommen werden.

Arsenal
Tannenstrasse

Helbigs
Etablissement.
Special-Ausschank
des consolidirten
Feldschlösschen

Seit wann kann man in Dresden *vom Sport* sprechen? Schon Ende des 16. Jahrhunderts erfreuten sich die Schauturniere, die Ringelstechen und ähnliche Veranstaltungen, die im Schloßhofe aber auch auf dem Altmarkt unter dem Andrang der zuschauenden Bürger stattfanden, eines europäischen Rufes und brachten zahlreiche Fremde nach Dresden. »Das deren gleich nicht gefunden wirdt im Heiligen Römischen Reich« dichtete Daniel Wintzenberger bereits 1591 weniger schön als wahr. Auch der Zwinger wurde 1719 in seiner heutigen Form als architekturbegrenzter Festplatz in Arenaform für die Sportspiele anläßlich der Hochzeit zwischen dem Kurprinzen und der österreichischen Erzherzogin abgeschlossen. Unter August dem Starken kamen auch die Damen zum ersten Male zu ihrem Rechte in den Damenrennen, wie uns auch durch eine farbige Abbildung von 1709 überliefert wird. Seit 1725 ist die Reithalle der Ritterakademie in der Neustadt Mittelpunkt reiterlicher Übungen für den militärischen Nachwuchs gewesen, bis sie seit dem Auszug der Kadetten in die Albertstadt als privates Unternehmen für die zivile Jeunesse dorée Dresdens diente.

Die Turner begannn sich verhältnismäßig spät zu organisieren. 1844 erfolgte die Gründung des Allgemeinen Turnvereins und erst 1881 baute der Neustädter Verein

◁ 201 *oben: E. Bernhard. Der alte Böhmische Bahnhof mit Wiener und Prager Straße, rechts der Rundbau des »Panorama«*

◁ 202 *Mitte: Die Flughalle in Kaditz mit dem Zeppelin 1910*

◁ 203 *unten: Junkers-Verkehrsflugzeug F 13 nach Hamburg, am Landesteg Johannstadt 1925*

204 *Das Arnholdbad mit dem Ballwerfer von Fabricius*

die früheste Turnhalle in der Stadt. Vier Jahre später erlebte Dresden die erste überregionale Veranstaltung, das 6. Deutsche Turnfest. Erst nach dem Kriege wuchs aus dem bescheidenen Sportplatz an der Lennéstraße ein Stadion, die Ilgen-Kampfbahn, die von nun an im Mittelpunkt der turnerischen und leichtathletischen Ereignisse stand. Bis dahin haben vor allem die »Jugendspiele« auf den Elbwiesen hinter »Antons« ein bescheidenes Dasein geführt. Die Medizin hatte sich frühzeitig des Turnens und des Sportes angenommen. Im Sanatorium Dr. Lahmann auf dem Weißen Hirsch, nahmen sie schon vor der Jahrhundertwende einen breiten Raum in der Heilbehandlung ein. In den reizvollen Waldlandschaften mühten sich wohlbeleibte Herren der mittleren und älteren Jahrgänge am Barren und Reck, ihre angeschlagene Gesundheit wiederherzustellen.

Im Sommer sorgten ein Dutzend geschlossene Badeanstalten an der Elbe in engbegrenztem Raum für Abkühlung. Es war ein großes Ereignis, als 1922 der Rat der Stadt die Badevergnügungen am Elbufer der Neustadt und vor Antons freigab. Das Vergnügen währte jedoch nicht lange, die Abwässer der Industrie verschmutzten bald das Elbwasser so, daß die gewährte Erlaubnis illusorisch wurde. Wer nicht in die Teiche der Umgebung abwanderte, besuchte das am Elbberg gelegene erste große Hallenbad, das Güntz-Bad mit seiner noblen Jugendstil-Architektur, — 1945 wurde es ein Opfer der Bomben — oder das offene Schwimmbad neben der Ilgen-Kampfbahn, das den Namen seines Stifters Georg Arnhold noch heute trägt. Der überlebensgroße bronzene Ballwerfer von Fabricius grenzte Kampfbahn und Bad voneinander ab, bis ihn Bombensplitter durchlöcherten.

Bevor der Wintersport mit Ski und Rodel die Dresdner vor allem in das nahe Osterzgebirge führte, war das Schlittschuhlaufen auf den beiden Teichen im Großen Garten auch ein Vergnügen für die Erwachsenen. Auf dem Carola-See erschien gelegentlich König Friedrich August mit seinen Kindern auf dem Eise.

Die Elbe mit ihrer schwachen Strömung eignet sich besonders für den Rudersport. Schon 1883 wurde auf dem klassischen Gelände zwischen Blasewitz und Wachwitz, geschützt von den Loschwitzbergen, die erste Regatta ausgetragen.

Zu den exklusiven Sportereignissen vor dem ersten Weltkrieg gehörten die Ballonwettfahrten. Ihr Start vollzog sich im Rund der Radrennbahn im Vorort Reick. Die Bahn grenzt an das städtische Gaswerk an, in dem die Ballons ihre so leicht brennbare Füllung erhielten. Der Schreiber erinnert sich noch an das Unglück, als an einem stürmischen Sonntag zum Gordon-Bennett-Rennen ein Ballon an die Gasanstalt stieß und in Flammen aufging.

◁ 205 *oben: Eisbahn auf dem Carola-See im Großen Garten, um 1900*
◁ 206 *Mitte: Turnen im Sanatorium Lahmann auf dem Weißen Hirsch, um 1900*
◁ 207 *Badetreiben bei »Antons«, gegenüber der Elbe die Brauerei zum Waldschlößchen 1930*
208 *Ballonfliegen in Reick, um 1928*
209 *Turnfest der Jugend auf der Ilgen-Kampfbahn 1930*
210 *D. S. C. beim Training*

Wenn man einen alten Dresdner fragt, was ihm im Dresdner Sport am meisten ans Herz gewachsen ist, so wird er wahrscheinlich sagen, der Fußball des Dresdner Sportclubs (D. S. C.). Und er wird dazu einen Namen nennen, Richard Hofmann. Er war es, der als erster in 25 Länderkämpfen den deutschen Fußball vertrat und er war in diesen Jahren Dresdens populärster Sportler, der Sieger in dem inzwischen sagenhaft gewordenen Länderspiel gegen Ungarn.

Das Jahr 1944 hatte einen goldenen Herbst gebracht. Der perlmutterfarbene seidige Himmel stand noch einmal in alter Pracht über den Kupferdächern und Sandsteinbekrönungen der Stadt. Die Silhouette erhob sich in makelloser Reinheit über dem Spiegel der Elbe. Vom Belvedere auf der Brühlschen Terrasse glitt der Blick über die alte und neue Architektur dahin. Über dem Häusergewirr der angrenzenden Viertel mit den farbigen Ziegeldächern wuchs das Kuppelwunder der Frauenkirche empor.

Werden diese Schätze alle erhalten bleiben? So viele deutsche Städte waren in Trümmer gesunken, Dresden war bis zum Sommer 1944 ohne jeden Schaden davongekommen — ein Grund für die Bewohner, an eine freundliche Bestimmung für die alte Stadt zu glauben. Jetzt mußte das erste Opfer gebracht werden; die Schausammlung des naturkundlichen Museums, die als einzige ihre Pforten im alten Logenhause gegenüber dem Zwinger geöffnet gehalten hatte, fiel in Schutt. Aber noch immer war man geneigt an einen Zufall zu glauben. Als die Herbstnebel über dem Elbkessel aufstiegen und die Stadt einhüllten, als die Tage sich verkürzten und der Krieg für jeden, der sehen wollte, unwiderruflich verloren war, schien nach menschlichem Ermessen die Gefahr überwunden. Was sollte es für einen Sinn haben in diese Stadt mit kaum wichtiger Kriegsindustrie noch zerstörend einzugreifen. Vielleicht würde die eine oder andere industrialisierte Vorstadt Opfer bringen müssen, der völlig industriefreie Kern schien gerettet. Als von Mitte Januar an das Flüchtlingselend sich über die Stadt ergoß, die Sonne wieder höher stieg und der Krieg immer noch kein Ende fand, wuchsen von neuem die Besorgnisse. An dem heiteren Vorfrühlingstag des 12. Februar hatte der Verfasser auf dem Neumarkt eine Sammlung alter Meißner Porzellane besichtigt, dessen Glanzstück in einer lebensgroßen Figur August III. bestand. Er war dann über den Platz geschritten und hatte wie immer erschüttert vor dem Kuppelbau Bährs gestanden, hatte kehrt gemacht und war an der sanften Rundung der bürgerlichen Bauten entlang in Richtung auf Schloß und Hofkirche zugegangen, nicht ohne einen Blick auf den Ausschnitt des Jüdenhofes mit dem Dinglingerhaus zu werfen, das noch den ganzen Reichtum des Pöppelmannschen Erbes unbeirrt von der Kühle der französischen Mode zeigt. An den köstlichen Dekorationen des alten Georgentores vorbei, mit dem die Frührenaissance in Dresden Einzug gehalten, war er durch das Grüne Tor des Oberlandesbaumeisters Starke unter dem Hausmannsturm hindurch in den von vier Treppentüren flankierten Schloßhof getreten, der durch Jahrhunderte einer der Festräume der Wettiner für Hetzjagden und ritterliche Spiele gewesen war. Im Grünen Gewölbe traf er Walter Holzhausen, der neben aller Bergungsarbeit noch immer Zeit fand, seine Untersuchungen über die Goldschmiedekunst dieser Stadt fortzusetzen. Die nun leeren Konsolen und Vitrinen, die Spiegelgalerien, in denen sonst die Juwelen geschimmert hatten, gaben den Blick frei für die meisterhaften Dekorationen, die sonst keine gebührende Beachtung fanden. Man sprach über die Zurückführung der Schätze und günstigere Gruppierungen nach dem Kriege.

Die Zuversicht hielt bei der Betrachtung der Flüchtenden aus dem Osten, die die Hauptstraßen füllten, nicht an. Als der Zug, der den Schreiber in einen benachbarten Bergungsort entführte, beim Überschreiten der Brücke noch einmal die Silhouette vor das Auge zauberte, wurde sein Herz von Abschiedsschmerz bewegt. Am nächsten Abend, am Faschingsdienstag in der zehnten Stunde, meldete der Radiosprecher, daß Bombengeschwader im Anflug auf Dresden begriffen seien. Wenige Minuten später fiel die Ansage aus, das Getöse schwerer Einschläge durchdrang den blutigroten Himmel und ersetzte alle Berichte. Zwei Tage dauerte der Kampf um die Rückkehr in die Stadt. Der Anblick dieser Wirklichkeit war nicht vorstellbar gewesen, das Schicksal Dresdens ist es auch heute noch nicht. Dem Rückschauenden ergeht es wie Lots Weib nach der durch Gottes Zorn bewirkten Vernichtung Sodoms, sie erstarrte zur Salzsäule.

Das sind die Tatsachen: Über die Nacht vom 13. zum 14. Februar 1945 war Dresden in Schutt und Asche gesunken. Ein zweiter Angriff auf die Neustadt am 2. März war im Vergleich zu dieser Nacht von geringerer Bedeutung. In einem Umkreis von mehreren Quadratkilometern blieb kaum ein Haus verschont. Das alte Zentrum mit seinem flutenden Leben innerhalb des Ringes war ausgelöscht. Vom Münchner Platz über den Hauptbahnhof, die Prager Straße, Seestraße, den Altmarkt, die Schloßstraße bis zur Elbe breitete sich eine Steinwüste aus, desgleichen von der Falkenbrücke zum Postplatz, Altmarkt, Pirnaischer Platz, Stübelplatz, Fürstenplatz und Barbarossaplatz. Die größten Vororte wie Johannstadt und Striesen bis hinein in die Gemarkung Blasewitz, die Seevorstadt, die Villenviertel der Bürgerwiese bis zum Großen Garten mit der Wiener-, Park-, Lennéstraße und das Schweizerviertel waren ausgestorben. Die Neustadt war besser davongekommen, doch ragten auch in der Hauptstraße vom Neustädter Markt bis Albertplatz teilweise nur noch die Fassaden.

Die Bauten der Frühzeit bis zum 17. Jahrhundert erwiesen sich als solider gegründet und widerstandsfähiger als die des 18., die meist überschnell in einer Blütezeit der Architektur — es war eine geniale Gründerzeit — aus der Erde gewachsen waren. Der heimische Sandstein hat sich im Feuer wider Erwarten schlecht gehalten. Am besten bewährte sich der moderne Eisenbetonbau.

Die Einwohnerzahl betrug in der Bombennacht über 600 000, zu denen 300 000 bis 400 000 Flüchtlinge kamen. 30 000 Menschen büßten ihr Leben ein. Meist bis zur Unkenntlichkeit verkohlt, durch Phosphoreinwirkung entstellt oder in der Hitze zu Mumien verdorrt, entzogen sie sich jeder Identifizierung. Die Seuchengefahr ließ keine andere Wahl als ihre Verbrennung auf dem Alt-

211 *Leichenverbrennung auf dem Altmarkt vor der Germania von R. Henze, 25. 2. 1945*

markt auf großen Scheiterhaufen, ein Anblick, den Dresden nicht einmal in Pestzeiten erlebt hatte. Auf den Strom der Flüchtlinge, der sich mit den Tieren aus dem benachbarten Zoologischen Garten in den Großen Garten ergoß, machten englische und amerikanische Flieger ebenso wie auf den Elbwiesen in Tiefangriffen mit Maschinengewehren Jagd. Noch Wochen später durchsuchten Fuhrparkkolonnen das Gelände und luden ihre Fracht, bis die Wagen gefüllt waren für die Scheiterhaufen auf dem Altmarkt.

Von dem Elend der Überlebenden gibt die Zahl der Obdachlosen einen Begriff. Von den 220 000 Wohnungen waren etwa 75 000 zerstört, 18 500 schwer beschädigt und unbewohnbar geworden. Bis Ende Februar sank die Zahl der Einwohner auf 369 000, davon lebten 500 in den Ruinen der Innenstadt.

Die Welt schien ihren Sinn verloren zu haben. Bei den technischen Möglichkeiten wäre es ein leichtes gewesen, wenigstens das kulturelle Zentrum Theaterplatz, Schloßviertel und Brühlsche Terrasse zu verschonen. Die Frage nach der Sinnlosigkeit ihrer Zerstörung hat David Irving in seiner Untersuchung »Der Untergang von Dresden« an Hand der Akten geklärt. Der greise Gerhart Hauptmann, den die Nacht des Schreckens auf dem Weißen Hirsch überraschte, schrieb für alle: »Wer das Weinen verlernt hat, der lernt es wieder beim Untergang Dresdens. Ich stehe am Ausgangstor des Lebens und beneide alle meine toten Geisteskameraden, denen dieses Erlebnis erspart geblieben ist. Ich weine. Man stoße sich nicht an dem Wort Weinen: die größten Helden des Altertums haben sich seiner nicht geschämt.«

Seit der Katastrophe des 13. und 14. Februar 1945 ist mehr als ein Vierteljahrhundert vergangen. Das Stadtzentrum der linkselbischen Altstadt wurde inzwischen nach heutigen Gesichtspunkten fast völlig neu errichtet. Dabei ergaben sich auch für die Führung der Straßenzüge weitgehendste Veränderungen, vor allem innerhalb des Ringes, der durch die niedergelegten Festungsmauern bestimmt ist Erhalten in ihrem ursprünglichen Zustand blieben der Theaterplatz und der Schloßplatz mit der Augustusstraße und der Brühlschen Terrasse. Von den berühmtesten Baudenkmalen wurden vor allem Pöppelmanns Zwinger mit dem abschließenden Galeriebau Sempers und die Katholische Hofkirche Chiaveris wiederhergestellt. Von den Barockbauten konnten das Landhaus und das Gewandhaus sowie das Japanische Palais im Großen Garten wenigstens in seinem Äußeren wiederhergestellt werden. Albertinum und Johanneum werden wieder museal genutzt. Das Opernhaus Sempers soll 1980 vollendet sein. Ihm werden das Taschenberg-Palais und das Residenzschloß folgen. Von den großen protestantischen innerstädtischen Kirchen erfül-

212 *Blick vom Rathausturm zum Pirnaischen Platz mit dem Kaiserpalast nach Beginn der Aufräumungsarbeiten, 23. 8. 1949*

213 *Zuschauerraum der Oper G. Sempers 1950*

214 *l. oben: Die Katholische Hofkirche 1945* ▷
215 *r. oben: Sockel des Luther-Denkmals vor den Ruinen der Frauenkirche 1947* ▷
216 *l. Mitte: Großer Schloßhof mit Loggia und nordwestlichem Wendelstein April 1945* ▷
217 *r. Mitte: Die Gemäldegalerie G. Sempers 1946* ▷
218 *l. unten: Der Wallpavillon des Zwingers November 1945* ▷
219 *r. unten: Geborgene herabgestürzte Figuren des Zwingers Juni 1950* ▷

len die Kreuzkirche und die Annenkirche wieder ihre Aufgaben. Auch das Neue Rathaus aus dem ersten Jahrzehnt des 20. Jahrhunderts erfüllt wieder seinen Zweck. Doch von den reichen Bürgerhäusern des 17. bis 19. Jahrhunderts hat keines in der Altstadt die Katastrophe überstanden. Nur in der Neustadt finden sich noch bescheidenere Zeugnisse des 18. Jahrhunderts. Was erhalten blieb, ist die einmalige Schönheit der näheren und weiteren Umgebung, die Loschwitzberge mit dem Weißen Hirsch und der Heide, das reizvolle Pillnitz an der Elbe, Schloß Moritzburg im Friedewald, die fruchtbare Lößnitz mit ihren Weinbergen oberhalb Wackerbarths Ruhe, die sich bis unterhalb Meißen hinziehen, das Kletterparadies der Sächsischen Schweiz und das vordere Erzgebirge mit seinen reizvollen Kleinstädten. Noch eins ist geblieben, Otto Dix, einer der Künstler, der die härtesten Verfolgungen erduldete, schrieb wenige Jahre vor seinem Tode: »In Dresden habe ich meine bedeutendsten Arbeiten geschaffen. Die schöpferische Atmosphäre dieser Stadt ist auch heute noch unzerstörbar.«

MARTIN LUTHER

Literaturverzeichnis

Richter, Otto: Dresden einst und jetzt, Dresden 1905
Richter, Otto: Geschichte der Stadt Dresden in den Jahren 1871–1902, Dresden 1904
Richter, Otto: Dresdens Entwicklung in den Jahren 1903–1909, Dresden 1910
Rat der Stadt Dresden: Dresden, das Buch der Stadt, Dresden 1924
Dresden, Kunstbuch 1927, Dresden 1927
Hundert Jahre Sächsischer Kunstverein 1828–1928, Dresden 1928
Ein Jahrhundert Sächsische Technische Hochschule 1828 bis 1928, Festschrift zur Jahrhundertfeier, Dresden 1928
Ministerium für Volksbildung: Staatliche Sammlungen zu Dresden, Dresden 1932
Adolph, Paul: Vom Hof- zum Staatstheater, Dresden 1932
Dresdner Kalender 1909 bis 1932
Dresdener Jahrbuch 1933 bis 1940
Schnorr, Hans: Dresden, 400 Jahre deutsche Musikkultur, Dresden 1948
Löffler, Fritz: Das alte Dresden, 5. Auflage, Dresden und Frankfurt am Main 1966 (mit ausführlicher Literaturangabe zur Geschichte, Kunst- und Kulturgeschichte)

Bildquellennachweis

Verfasser und Verlag danken den im folgenden genannten Archiven und Instituten für die freundlich gewährte Unterstützung mit Bildvorlagen:

Deutsche Fotothek Dresden
Institut für Denkmalpflege Dresden (10)
Büro des Stadtarchitekten Dresden (3)
Hygiene-Museum Dresden (2)
Museum für Geschichte der Stadt Dresden (2)
Wallraf-Richartz-Museum Köln (1)
Archiv Otto Dix (1)
Aufnahmen aus Privatbesitz (24)

4. Auflage 1979

Gesamtherstellung: L.N. Schaffrath, Geldern
ISBN 3-7700-0305-5